ミラクルラブリー♥

感動《かんどう》のどうぶつ物《もの》語《がたり》DX《デラックス》

kandou no doubutsu monogatari

キミとの奇《き》跡《せき》

JN083106

西東社

もくじ

《おことわり》
ペットが迷子《まいご》になってしまった、または保護《ほご》した場合《ばあい》には、最寄《もよ》りの警察署《けいさつしょ》・保健所《ほけんじょ》・動物愛護《どうぶつあいご》センターなどに届《とど》け出《で》が必要《ひつよう》です。

第《だい》3章《しょう》　偶然《ぐうぜん》は必然《ひつぜん》

ミラクルラブリー♥

どうぶつイラスト&《アンド》写真館《しゃしんかん》

読者《どくしゃ》のみんなの相棒《あいぼう》を紹介《しょうかい》するよ。

わん!

なにそのポーズ!?

ニヤリ★

あくび〜〜〜

イラストもありがとう♡

ヒョウモントカゲモドキだよ

登場《とうじょう》してくれた
どうぶつたち
SAN《サン》、たけちよ、ちび、
マリン、マロン、見倖《みさ》
ありがとう★

みんなのおたよりやペットの写真《しゃしん》、オリジナルイラスト、感動《かんどう》どうぶつエピソードを募集《ぼしゅう》しているよ。
くわしくは最後《さいご》のページの左側《ひだりがわ》をみてね。

第《だい》1章《しょう》

不《ふ》思《し》議《ぎ》なきずな

Fushigi na Kizuna

目《め》に見《み》えないし、さわれない。
でも、たしかにある。
わたしたちの心《こころ》と心《こころ》をつなぐもの。

第《だい》1話《わ》

おばあちゃん犬《けん》が猫《ねこ》ママに？

15歳《さい》のおばあちゃん犬《けん》〝ゆり〟が、子猫《こねこ》と出会《であ》って…。

みんなで探《さが》しに行《い》こう
ゆりも行《い》くよ！
ゆり起《お》きて！
のそ
……
ワフ
ゆりはマイペースなのんびり屋《や》
無理《むり》もない…もう15歳《さい》りっぱなおばあちゃん犬《けん》なのだ

ゆり
のどかのにおい
わかるかな？
なんて
無理《むり》か…
くん
えっ!?
ダダダッ
のどか！

よかった！
なにしてたの
お姉《ねえ》ちゃん
パパ　ママ
たっ
ニャー
えっ
子猫《こねこ》…？
学校《がっこう》の帰《かえ》り道《みち》
このコがついてきて
わたしから
離《はな》れなくなっちゃって
…のどかを
親猫《おやねこ》だと
思《おも》ってるのかな
うん
でも　うちには
ゆりがいるから

だから飼《か》えなくてごめんねって言《い》っても
このコにはわからないし…
それで家《いえ》に帰《かえ》れなくて公園《こうえん》にいたんだ
うん…
あれっ!?
ニャー
てってっ
あぶない!
もしゆりが子猫《こねこ》にかみついたりしたら
ゆりはむかしからなぜか同《おな》じ犬《いぬ》やどうぶつになつかない性格《せいかく》だった
人間《にんげん》のことは大好《だいす》きだけど
ドッグランに行《い》っても友《とも》だちワンコもできず孤高《ここう》のおばあちゃん犬《けん》になったのだ

そんなゆりが
子猫《こねこ》と仲《なか》よくできるわけない…
ふわっ
うそ！
なんかなついてるよ！
ちょっと奇跡《きせき》じゃない
もしかして
ゆりとこのコ
仲《なか》よくなれるのかな？
今日《きょう》は
もうおそいから
とりあえず
うちに
連《つ》れて帰《かえ》ろう
現実的《げんじつてき》に考《かんが》えて
うちで飼《か》うのは
ちょっと
むずかしいかも

どうぶつクリニック
ああ ペットを飼《か》うには それなりに お金《かね》がかかるからね
ゆりも かかりつけの動物病院《どうぶつびょういん》へ 毎月《まいつき》診察《しんさつ》に行《い》っているし
せっかく ゆりとも 仲《なか》よくなれそう なのに…
さて次《つぎ》は どうぶつについての 話題《わだい》です
転居《てんきょ》など やむをえない理由《りゆう》で 飼《か》い主《ぬし》を失《うしな》った猫《ねこ》を 救《すく》うため
猫《ねこ》の里親《さとおや》を探《さが》す あずかり保育《ほいく》のとりくみが 広《ひろ》がっています——
——これだ！

里親《さとおや》をさがしています
里親《さとおや》になるには
それから家族《かぞく》みんなでネットや本《ほん》で猫《ねこ》の里親《さとおや》について勉強《べんきょう》し
飼《か》ってくれる人《ひと》が見《み》つかるまで子猫《こねこ》の世話《せわ》をすることになった
仮《かり》の家族《かぞく》だけど名前《なまえ》は必要《ひつよう》だよね
うーん
FOOD
小《ちい》さいからちーたはどう？
うんいいかも！ちーた
市内《しない》にある犬猫《いぬねこ》の保護団体《ほごだんたい》ピースファミリーへ連絡《れんらく》し
ちーたを飼《か》いたい人《ひと》が現《あらわ》れたらとりついでもらえるように手配《てはい》もした

そうして ちーたとの生活《せいかつ》が はじまった
あれ？ ちーたがいない
ニャーン
えっ ゆりのケージの方《ほう》から 鳴《な》き声《ごえ》が…
…ちーた！
ゆりのお乳《ちち》を 吸《す》うまねをしてる
犬《いぬ》の赤《あか》ちゃん みたいに

ふたり
仲《なか》がよさそう…
ちーたはいつも
ゆりといっしょに
生活《せいかつ》するようになった
なんだか
ゆり
若返《わかがえ》ったみたい
たしかに
ケージで
寝《ね》てばかりだった
おばあちゃん犬《けん》のゆりが
今《いま》はしゃっきりして
むかしのゆりに
もどったみたい

かみ かみ
ワンッ
本当《ほんとう》の親子《おやこ》みたい
あははは…
ずっと こんな日《ひ》が 続《つづ》けばいいな
3か月《げつ》がたった ある日《ひ》
ピピピ…
ピースファミリー
×××-××××-××××
もしもし …えっ!?
ちーたを飼《か》いたい という人《ひと》が 見《み》つかった!?
いったいどんな 人《ひと》なんだろう

次《つぎ》の日曜日《にちようび》
はじめまして 加藤里菜《かとうりな》です
！
ぽろ ぽろ…
…ラテ
ちーたくんは うちで飼《か》っていた ラテにそっくり なんです
ラテは もともと からだが弱《よわ》く まだ4歳《さい》のときに 腎臓《じんぞう》の病気《びょうき》で 死《し》んでしまって…

ピースファミリーのサイトでちーたくんの写真《しゃしん》を見《み》たときはびっくりしました
本当《ほんとう》にラテそっくりでしたから
ラテは女《おんな》の子《こ》でしたけど
そうなんですね
ウフフ
あのワンちゃんは？
ゆりです15歳《さい》で…
15歳《さい》？すごいなあさわってもいいですか？
もちろんです

保護猫《ほごねこ》の
里親《さとおや》を決《き》める流《なが》れは
慎重《しんちょう》に行《おこな》うので
今日《きょう》1回《かい》の面会《めんかい》だけでは
決《き》められない
里菜《りな》さんたちは
帰《かえ》っていった
ちーた
里菜《りな》さんの家《いえ》に
行《い》っちゃうの？
わかんない
けど…
里菜《りな》さん…
うれしそうだった
大好《だいす》きだったラテを
亡《な》くした悲《かな》しみは
どれほどだったか…
ちーたは
里菜《りな》さんにとって
希望《きぼう》の光《ひかり》なんだ
それに
ゆりにも
優《やさ》しくしてくれた
里菜《りな》さんに
飼《か》ってもらえたら
ちーたも
幸《しあわ》せかもしれない

そのあとも
面会《めんかい》をくり返《かえ》し
里菜《りな》さんの家《いえ》で
ちーたを飼《か》いたいと
正式《せいしき》に申《もう》しこみがあった
ピースファミリーも
里菜《りな》さんの家《いえ》なら
安心《あんしん》して
まかせられると言《い》う
そうして
ちーたは
もらわれていった
2週間後《しゅうかんご》

みんな
ちーたが
いなくなってから
どこか元気《げんき》がない
なにより
いちばん
元気《げんき》がないのが
ゆり…
最近《さいきん》ごはんも
残《のこ》すようになったし
散歩《さんぽ》でも
すぐにぺたんと
地面《じめん》に
はいつくばってしまう
…という感《かん》じなんです

うーん
ゆりちゃんはもう
おばあちゃん犬《けん》
だからねえ
残念《ざんねん》だけど
いつなにがあっても
おかしくない状態《じょうたい》です
そんな！
ゆり
死《し》んじゃうの？
ちーたがいたころは
あんなに
元気《げんき》だったのに…
プルルル…
由希《ゆき》！
今《いま》 里菜《りな》さんから
連絡《れんらく》があって
ちーたをゆりに
会《あ》わせたいって
！

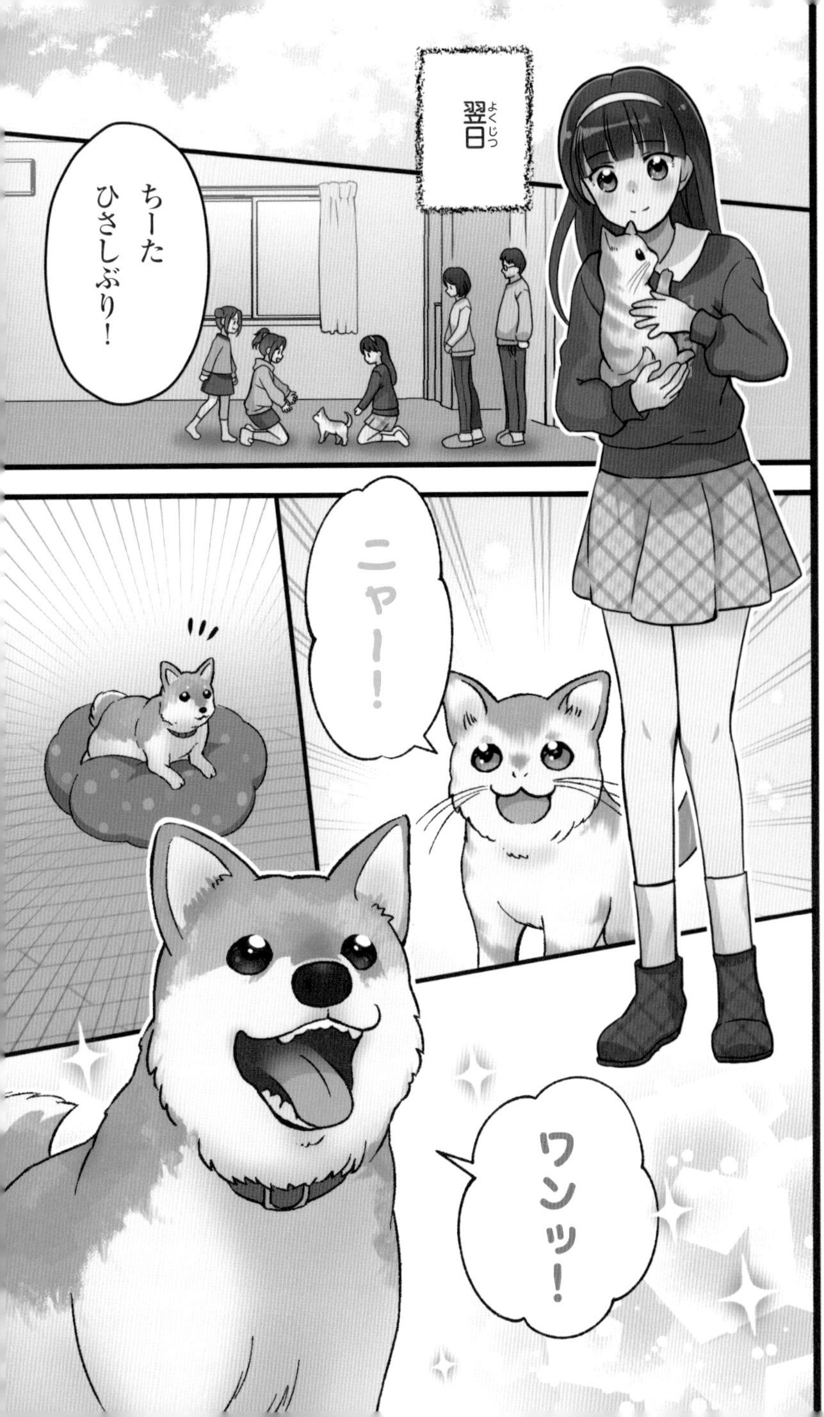
翌日《よくじつ》
ちーた
ひさしぶり！
ニャー！
ワンッ！

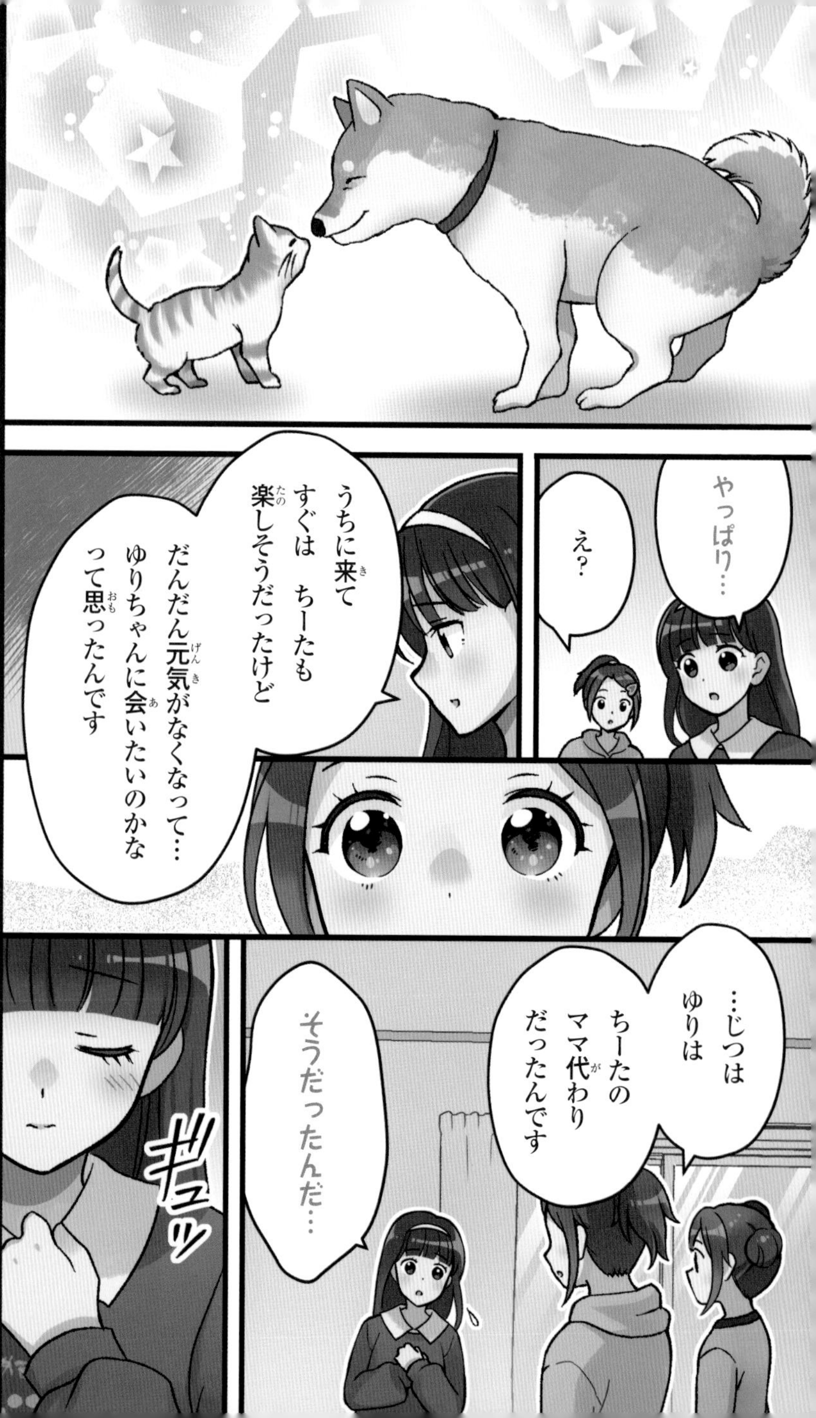
やっぱり…
え？
うちに来《き》て すぐは ちーたも 楽《たの》しそうだったけど だんだん元気《げんき》がなくなって… ゆりちゃんに会《あ》いたいのかなって思《おも》ったんです
…じつは ゆりは ちーたの ママ代《が》わり だったんです
そうだったんだ…
ギュッ

お願《ねが》いです！
ちーたをゆりちゃんのそばにおいてくれませんか？
それがちーたの幸《しあわ》せだと思《おも》うんです
ぐっ
わたし…ちーたに亡《な》くなったラテを重《かさ》ねすぎていました
じつはうちではちーたじゃなくてラテって呼《よ》んでいて
飼《か》い主失格《ぬししっかく》ですよね
そんなことない！里菜《りな》さんはすてきな飼《か》い主《ぬし》だよ
今日《きょう》だってちーたのためにゆりに会《あ》わせに来《き》てくれたんですよね

本当《ほんとう》は
里菜《りな》さんだって
ちーたを
手放《てばな》したくないはず
でも…元気《げんき》のないちーたを
見《み》ているのは手放《てばな》すよりつらい
ペットの幸《しあわ》せは
飼《か》い主《ぬし》の幸《しあわ》せでもあるから…
ピースファミリーに
事情《じじょう》を話《はな》し
ちーたは
うちにもどって
くることになった
それから
ゆりも
おばあちゃん犬《けん》とは
思《おも》えないほど
元気《げんき》を
とりもどした
そして2年後《ねんご》——

家族《かぞく》みんなに見守《みまも》られ
ゆりは旅立《たびだ》っていった
15歳《さい》のとき獣医《じゅうい》さんにいつなにがあってもおかしくないと言《い》われたゆりは
あれから2年《ねん》もいっしょにいてくれた
ちーたがゆりにくれた奇跡《きせき》忘《わす》れないよ

第《だい》2話《わ》

毛糸《けいと》がつないだ奇跡《きせき》

中《ちゅう》1の菜絵《なえ》は、ノラ猫《ねこ》にごはんをあげる人《ひと》を見《み》かけて…。

桜《さくら》きれ～い！
遠回《とおまわ》りしたかいがあったね
焼肉《やきにく》おいしかったね
お母《かあ》さん　最近《さいきん》根《こん》をつめていたから元気《げんき》が出《で》たんじゃない？
そうだね
展示会《てんじかい》の疲《つか》れがとれたかも

わたしの名前《なまえ》は
結城菜絵《ゆうきなえ》　中学《ちゅうがく》1年生《ねんせい》
会社員《かいしゃいん》のお父《とう》さん
編《あ》み物作家《ものさっか》のお母《かあ》さん
小学生《しょうがくせい》の妹《いもうと》・千椰《ちや》の4人家族《にんかぞく》
今日《きょう》はみんなで焼肉《やきにく》を食《た》べに行《い》って
帰《かえ》りに
桜《さくら》を見《み》に来《き》ました
この公園《こうえん》
夜《よる》来《く》るのはじめて
だよね
昼間《ひるま》はあるけど…
あっ
見《み》て!
猫《ねこ》が
たくさん!!

ミャー
ノラ猫《ねこ》にごはんあげちゃいけないんだよね？
こそっ…
…って夕方《ゆうがた》のニュースで見《み》た…
迷惑《めいわく》してるんです
ノラ猫《ねこ》が増《ふ》えて…
こんばんは
ビクッ
さくら猫《ねこ》って知《し》ってる？
え…

おばさんたちはね さくら猫《ねこ》ボランティアを しているの
ノラ猫《ねこ》に 不妊手術《ふにんしゅじゅつ》を受《う》けさせて 地域《ちいき》にもどして
カカカカッ
お世話《せわ》してるんだよ
耳《みみ》の切《き》れこみ…
これが さくら猫《ねこ》？
『さくら猫《ねこ》』とは
避妊《ひにん》、去勢手術《きょせいしゅじゅつ》を受《う》けて
耳先《みみさき》をV字《ブイじ》にカットされた
ノラ猫《ねこ》のこと。
処分《しょぶん》の対象《たいしょう》になってしまう
不幸《ふこう》なノラ猫を減《へ》らすために、
さくら猫《ねこ》を増《ふ》やすとりくみが
各地《かくち》で広《ひろ》がっている。
メスは左耳《ひだりみみ》
オスは右耳《みぎみみ》

本当《ほんとう》はうちで飼《か》ってあげたいけどもう5匹《ひき》もひろっちゃって
あっ
スリーッ
毛糸《けいと》さん　ごはんお気《き》にめしませんか？
毛糸《けいと》だって！
32

もこもこ猫《ねこ》だ！毛糸玉《けいとだま》みたいだねお母《かあ》さん
たしかに…
毛糸《けいと》…
お母《かあ》さん昼間《ひるま》も毛糸玉《けいとだま》かかえていたのに今《いま》も？
ほんとだね～！
このコ　毛糸《けいと》はねいつからか迷《まよ》いこんで来《き》て…
不妊手術《ふにんしゅじゅつ》もすんでいて
たぶんもともと飼《か》い猫《ねこ》で半分外飼《はんぶんそとが》いだったのかも
逃《に》げたのか飼《か》い主《ぬし》がいなくなってしまったのか…
……

それから数日後《すうじつご》
スーパーに
どれにする？
お姉《ねえ》ちゃん
えーとね
ふたりともー！
そろそろ帰《かえ》るよー！
あっ　はーい
あ！
ばったり
また会《あ》ったね～
こんにちは
猫《ねこ》のおばさん
今日《きょう》も猫《ねこ》にごはん
あげに行《い》くんですか？
水曜日《すいようび》の夕方《ゆうがた》が
ごはんタイムなの

興味《きょうみ》があるなら行ってみる?
!
…それから水曜日《すいようび》の16時《じ》にはなんとなくボランティアのお手伝《てつだ》いをするようになりました
えっ猫《ねこ》に牛乳《ぎゅうにゅう》あげちゃだめなんですか?
牛乳《ぎゅうにゅう》にふくまれる乳糖《にゅうとう》がうまく消化吸収《しょうかきゅうしゅう》できないんだってだから猫用《ねこよう》のミルクじゃないと
へー…知《し》りませんでした!

それと　猫《ねこ》のお世話《せわ》で重要《じゅうよう》なのはトイレのそうじね
ハイ
※地域《ちいき》の許可《きょか》をもらい、土《つち》を入《い》れたプランターもトイレにしている例《れい》。
猫《ねこ》はとてもきれい好《ず》きだから
よごれたままだとほかの場所《ばしょ》でしてまわりの迷惑《めいわく》になったりするの
ザッ
ザッ
ザッ
もっと知《し》りたいです猫《ねこ》のお世話《せわ》のこと
えらいわぁ菜絵《なえ》ちゃん
ここに来《く》ると勉強《べんきょう》になるしどんどん猫《ねこ》を好《す》きになる
少《すく》ないけどおこづかいから寄付《きふ》もしてみたり…

お母《かあ》さんも時々《ときどき》
手伝《てつだ》いに
行《い》ってるみたい
菜絵《なえ》 千椰《ちゃ》
見《み》て見《み》て
今日《きょう》の
毛糸《けいと》ちゃん
そして
やっぱり
気《き》になるのは
毛糸《けいと》のこと
すごくじゃれてくれてね
かわいいい～
お母《かあ》さんも…だよね
ゴォォォ
オォォォ
台風《たいふう》20号《ごう》は北上《ほくじょう》を続《つづ》け
未明《みめい》には上陸《じょうりく》のおそれが…
毛糸《けいと》
どうしてるかな…
心配《しんぱい》だね…
びゅ
オォォ

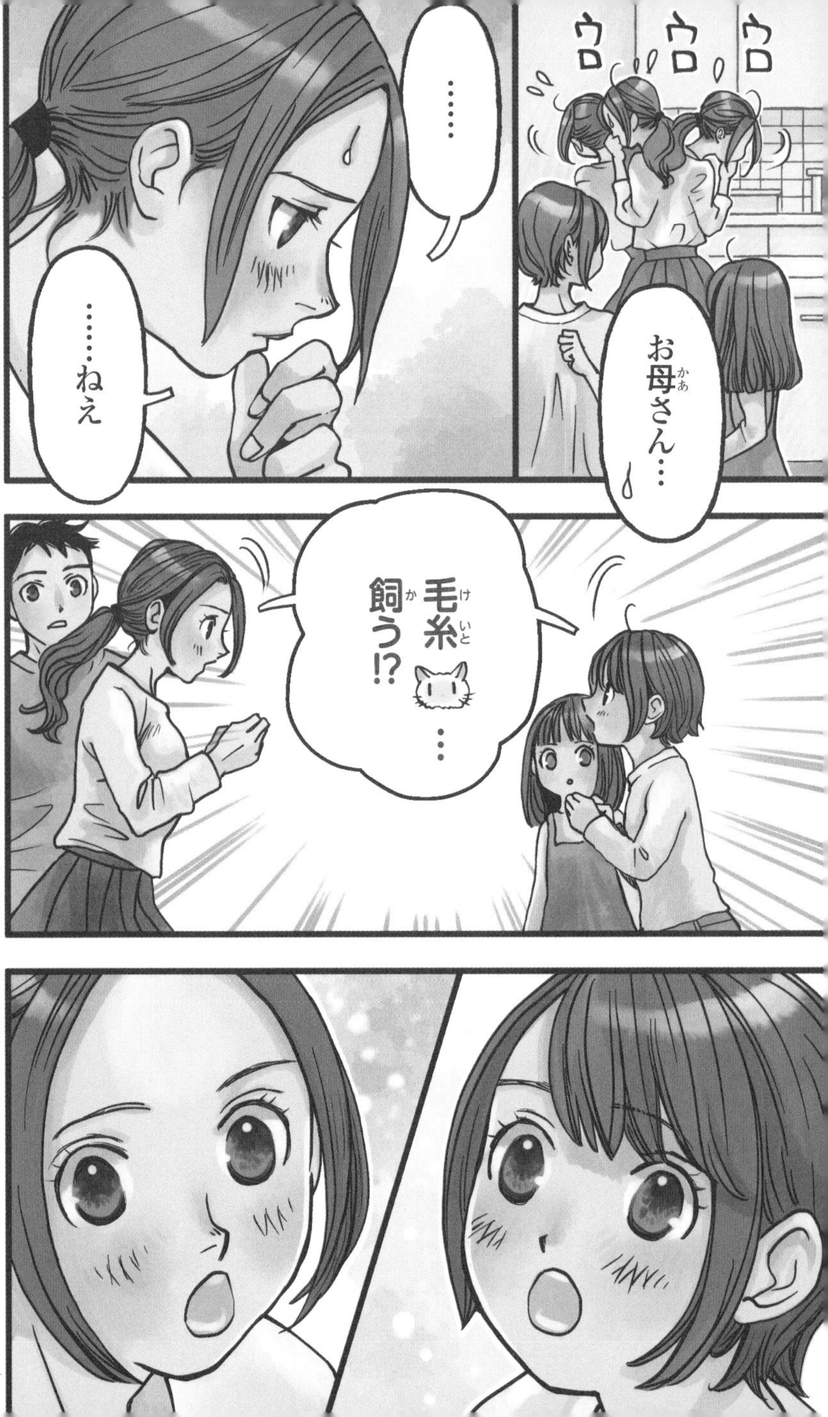
ウロ
ウロ
ウロ
お母《かあ》さん…
……
……ねえ
毛糸《けいと》…飼《か》う!?

お母《かあ》さんとお姉《ねえ》ちゃんハモった！
決定《けってい》だね
明日《あした》はちょうど水曜日《すいようび》だ毛糸《けいと》をむかえに行《い》こう
え！毛糸《けいと》を!?
はい…
ここのみんな幸《しあわ》せになってほしいけど
全員《ぜんいん》は無理《むり》だから…

初日《しょにち》にわたしたちを
受《う》け入《い》れてくれた
毛糸《けいと》だけでも
家族《かぞく》として
むかえたいと…
あっ　もちろん
これからも時々《ときどき》
お手伝《てつだ》いに
来《き》ますので！
助《たす》かるわぁ
お母《かあ》さーん
学校《がっこう》からプリント
もらったんだけど
はーい
バッ
ミャー!!

毛糸《けいと》は
さびしがり屋《や》だねぇ
お母《かあ》さんから
ぜんぜんはなれない
ほんと
まるで赤《あか》ちゃんが
ひとり増《ふ》えたみたい
……
このコ…毛糸《けいと》はね
逃《に》げたのか　飼《か》い主《ぬし》が
いなくなってしまったのか…
…つらい思《おも》いを
してきたのかも…
あれっ　ねえ
お母《かあ》さん
毛糸《けいと》は
編《あ》んでるとき
じゃましない
んだね
猫《ねこ》って　毛糸《けいと》で
遊《あそ》んじゃいそう
なのに…
フフッ
毛糸《けいと》…あ
猫《ねこ》の方《ほう》はね…

編《あ》み物《もの》をしていると
目《め》をキラキラさせて
でも　さわらず
じっとそばで
見《み》つめているの
もしかしてこのコは
編《あ》み物《もの》が得意《とくい》な人《ひと》に
飼《か》われていたのかもね
そっか!
それであのとき
お母《かあ》さんにスリスリ
してきたのかな?
編《あ》み物《もの》作家《さっか》って
見《み》ぬいたん
じゃない?
毛糸《けいと》
すごい!
はい　できた
ケリッ
ケリッ
ケリッ

いいなあ　わたしも
つくってみたい！
わたしも！
じゃあ教《おし》えて
あげよう
ただいまー
楽《たの》しそうだね！
……
なんか
不思議《ふしぎ》
ちょっと前《まえ》まで
猫《ねこ》とくらすなんて
思《おも》ってなかったのに
きっとこれは
毛糸《けいと》が
つないだ
小《ちい》さな奇跡《きせき》だね

本当《ほんとう》にあった!!

どうぶつ奇跡《きせき》エピソード

人間《にんげん》を助《たす》けてくれたどうぶつや、
特別《とくべつ》なきずなで結《むす》ばれたどうぶつのお話《はなし》を紹介《しょうかい》するよ。

9.11 同時多発《どうじたはつ》テロ事件《じけん》の現場《げんば》で 人々《ひとびと》を救《すく》った災害救助犬《さいがいきゅうじょけん》たち

最後《さいご》の生存者《せいぞんしゃ》を見《み》つけ出《だ》した"トラッカー"

ジャーマン・シェパードのトラッカーは、2001年《ねん》にアメリカで起《お》きたテロの現場《げんば》で、救助隊《きゅうじょたい》の一員《いちいん》として活躍《かつやく》したよ。がれきを根気《こんき》よくかぎまわり、テロ発生《はっせい》から72時間後《じかんご》に、とうとう最後《さいご》のひとりを発見《はっけん》したんだ。

救急隊員《きゅうきゅうたいいん》に安《やす》らぎをもたらした"ブリトニー"

ゴールデン・レトリーバーのブリトニーも、現場《げんば》で生存者《せいぞんしゃ》の捜索《そうさく》に協力《きょうりょく》した1匹《ぴき》。また、救急隊員《きゅうきゅうたいいん》や消防士《しょうぼうし》たちとふれあうことで、きびしい状況《じょうきょう》で働《はたら》き続《つづ》ける彼《かれ》らの心《こころ》もいやし、助《たす》けてくれたんだ。

言葉《ことば》を覚《おぼ》え人間《にんげん》と交流《こうりゅう》したヨウム〝アレックス〟

口《くち》まねではなく言葉《ことば》を理解《りかい》した

動物研究者《どうぶつけんきゅうしゃ》のペッパーバーグ博士《はかせ》に訓練《くんれん》されて、150個《こ》もの単語《たんご》を覚《おぼ》えたよ。そのうえ、簡単《かんたん》な会話《かいわ》もできるようになったんだ。

博士《はかせ》とのきずな

アレックスが死《し》ぬ前《まえ》の晩《ばん》のこと。「おやすみ」と話《はな》しかけたペッパーバーグ博士《はかせ》に「あなたはいい人《ひと》。ぼく大好《だいす》き」と言《い》ったんだって。

亡《な》くなった飼《か》い主《ぬし》の帰《かえ》りを待《ま》ち続《つづ》けた秋田犬《あきたいぬ》〝ハチ〟

大好《だいす》きな飼《か》い主《ぬし》を送《おく》り迎《むか》えする日々《ひび》

ハチは、渋谷《しぶや》に住《す》む東京大学《とうきょうだいがく》の上野英三郎《うえのひでさぶろう》博士《はかせ》とくらし、かわいがられていた。博士《はかせ》が仕事《しごと》へ行《い》くときは、渋谷駅《しぶやえき》などへ送《おく》りむかえしていたよ。

また会《あ》えることを信《しん》じて…

あるとき、仕事中《しごとちゅう》に博士《はかせ》が急死《きゅうし》してしまった。博士《はかせ》に突然《とつぜん》会《あ》えなくなったハチは、3日間《かかん》も食事《しょくじ》を口《くち》にできないほど落《お》ちこんだというよ。その後《ご》、博士《はかせ》を恋《こい》しがるあまり、とうとう渋谷駅《しぶやえき》で待《ま》つようになったんだ。11歳《さい》で死《し》んでしまうまで毎日続《まいにちつづ》いたよ。

参考：『世界のすごい動物伝記　おどろきに満ちた、歴史にのこる50の動物』（講談社）
https://www.en.a.u-tokyo.ac.jp/hachi_ueno_hp/hp/index.html
https://toyokeizai.net/articles/-/454919

うちのハム太《た》 ～毎日《まいにち》かわいい♥ ハムスター観察《かんさつ》日記《にっき》～

第《だい》3話《わ》 すれちがいの生活《せいかつ》リズム

ハム太《た》寝《ね》てる…
Zzz…
ごはん置《お》いとくね
今日《きょう》はハム太《た》に会《あ》えなかったな
ポリポリ
カラカラ
かじかじ
カラカラ
よかった元気《げんき》そう
ほっ

ハムスターは夜行性《やこうせい》！
昼間《ひるま》に寝《ね》ていたら
起《お》こさないようにね

第《だい》4話《わ》 おうちづくり職人《しょくにん》

ハム太《た》新《あたら》しいおうち買《か》ってきたよ～
くんくんっ
くん
コト…
ビリビリ
新聞紙《しんぶんし》
穴《あな》ほり
ガガッ
自分《じぶん》でおうちつくっちゃった！

ケージにある材料《ざいりょう》を使《つか》って
巣《す》づくりするよ。新《あたら》しいおうち
もいつか使《つか》ってほしいな～

第《だい》5話《わ》 そうじの罪悪感《ざいあくかん》

かわいそうになるけど、そうじしないと雑菌《ざっきん》が増《ふ》えちゃうんだ

第《だい》6話《わ》 ほおぶくろの不思議《ふしぎ》

ほおぶくろにはなんと ハムスターの体重《たいじゅう》の半分以上《はんぶんいじょう》の量《りょう》をつめこめるよ!

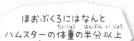

第《だい》7話《わ》 ほおぶくろの不思議《ふしぎ》2

つめた食《た》べものは どうするの？
？
とっ とっ とっ
ぐいっ
うえ〜
ぽと ぽとっ
さっ さっ
あとで食《た》べようと かくしてるんだ！
数日後《すうじつご》…
そのまま
カリ カリ
かくしたこと… 忘《わす》れてない？

かくした食《た》べものは
忘《わす》れがち！ くさっちゃう
前《まえ》にそうじしよう

第《だい》8話《わ》 小《ちい》さな幸《しあわ》せ

ハム太《た》 ごはんだよ
の〜
最近《さいきん》は ごはんのときに 来《き》てくれる ようになった
てち てち
手《て》にも さわってくれる
たっち
ごはん以外《いがい》は 基本無視《きほんむし》だけどね
ハム太《た》〜！
プイッ
ちょっとの ことが うれしい

なつくまでは
ゆっくりと時間《じかん》をかけて、
信頼関係《しんらいかんけい》をきずこうね

第《だい》9話《わ》

眠《ねむ》るイチゴ

小《しょう》6の美月《みつき》は、はじめてハムスターを飼《か》うことになって…。

浦部美月《うらべみつき》（小学《しょうがく》6年生《ねんせい》）
それでね今度《こんど》の連休《れんきゅう》にハムスターを見《み》に行《い》くことになったの！
美月《みつき》ちゃんずっとハムスター飼《か》いたいって言《い》ってたもんね
うん！めちゃくちゃお願《ねが》いしてやっとだよー！
みんなは連休《れんきゅう》なにする予定《よてい》なの？

佐々山茜《ささやまあかね》
わたしは家族《かぞく》でドッグランかな
お兄《にい》ちゃんが最近《さいきん》免許《めんきょ》とったから
その運転《うんてん》で
いいね!!
あっちゃんのお兄《にい》ちゃんって超《ちょう》かっこいいよね
大学生《だいがくせい》だっけ?
そうだよ!
いいなぁ
わたしもお兄《にい》ちゃんほしかったなー
そういえば美月《みつき》ちゃんも高校生《こうこうせい》のお兄《にい》ちゃんいたよね?
へー! 見《み》てみたーい!!
ドキ
ええ――~…
いいじゃん~~

うちのお兄《にい》ちゃんは……
明日《あした》は予定《よてい》どおりペットショップだな
!!
開店時間《かいてんじかん》に行《い》こう!!
そんなに急《いそ》がなくてもお店《みせ》は逃《に》げないよ
お兄《にい》ちゃんはどうする?
浦部晴人《うらべはると》（高校《こうこう》1年生《ねんせい》）
ボソ
…俺《おれ》はいいよ

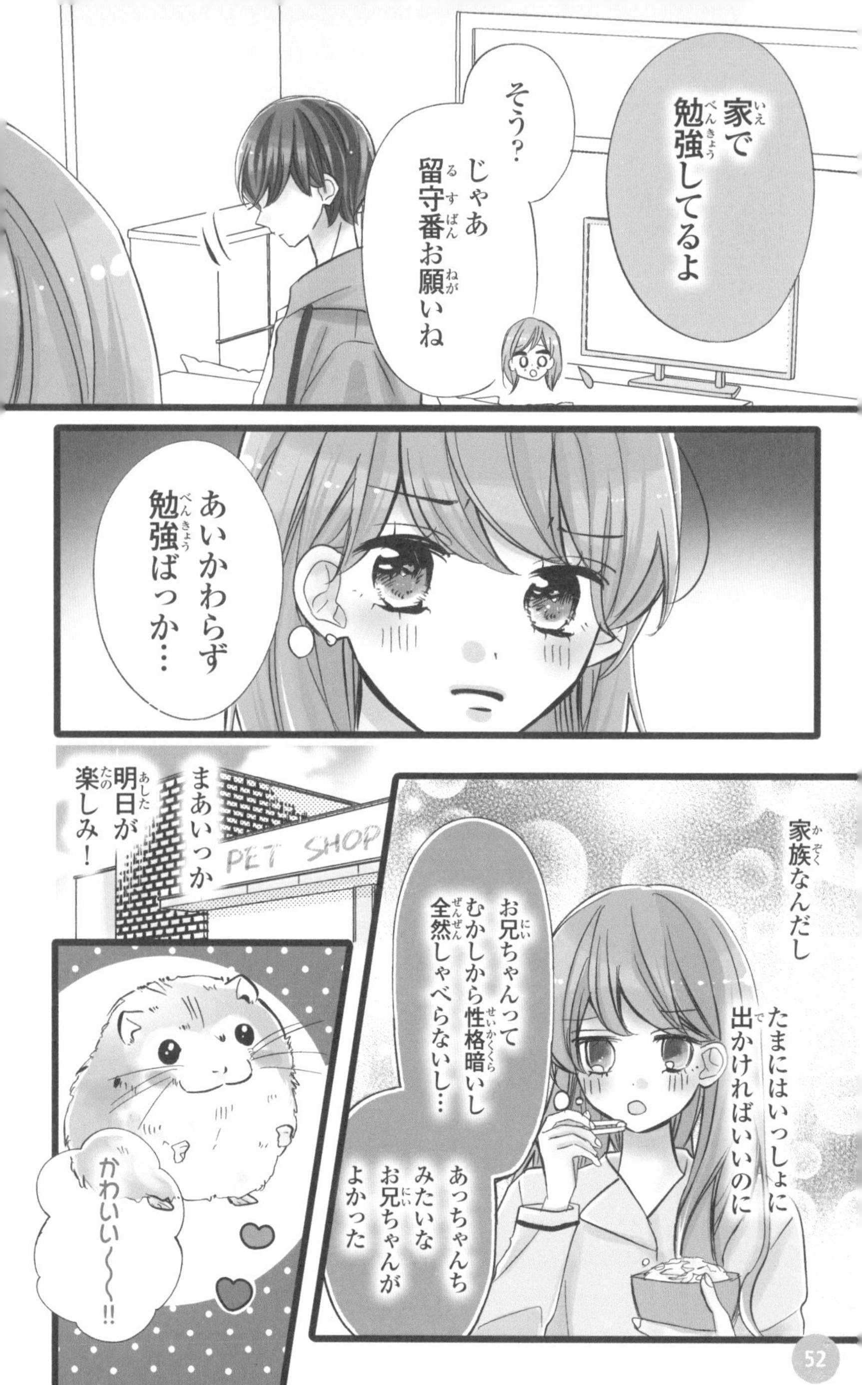
家《いえ》で勉強《べんきょう》してるよ
そう？ じゃあ留守番《るすばん》お願《ねが》いね
あいかわらず勉強《べんきょう》ばっか…
家族《かぞく》なんだし
たまにはいっしょに出《で》かければいいのに
お兄《にい》ちゃんってむかしから性格暗《せいかくくら》いし全然《ぜんぜん》しゃべらないし…
あっちゃんちみたいなお兄《にい》ちゃんがよかった
まあいっか
明日《あした》が楽《たの》しみ！
PET SHOP
かわいい〜〜!!

ちっちゃいな〜〜〜!
イチゴぐらいの大《おお》きさしかないじゃん!
あの…ハムスターってなついてくれますか?
警戒心《けいかいしん》が強《つよ》い生《い》きものだけど時間《じかん》をかければなついてくれますよ
わたしがんばってお世話《せわ》します!!
今日《きょう》からここがおうちだよ
イチゴ!

カシャン
ビクッ
こわがってる…？
そういえば…
店員《てんいん》さん
ハムスターは目《め》が悪《わる》いので音《おと》やにおいで判断《はんだん》してるんですよ
って言《い》ってた…
まずは声《こえ》を覚《おぼ》えてもらう！
イチゴおはよう！
学校《がっこう》行《い》ってくるね！
お水《みず》新《あたら》しくしたよ〜！
ただいま！

食《た》べてくれない…
まずはケージごしから…
ごはんだよ～！
調《しら》べた
ハムスターについて
今日《きょう》ねー
イチゴともっと仲《なか》よくなれたらきっと…
ごはんだよ～
今日《きょう》はチャレンジ…！

ドキ
ドキ
ガチャ
すっ
おーすごい！
ずいぶんなれたねぇ
ここまでくるのに大変《たいへん》だったんだよ時間《じかん》をかけて少《すこ》しずつなれてくれたの！

すい
イチゴにはまったく興味《きょうみ》なしってこと!?
お兄《にい》ちゃんがケージに近《ちか》づいてるの見《み》たことないし
モヤー!!
なんか冷《つめ》たいなあ…
なんでこのかわいさがわからないんだろ
チュン
チュン…
寒《さむ》っ!!
う~…
昨日《きのう》まではこんなんじゃなかったのに~!
おはよーイチゴ

イチゴ…？
イチゴ！
まさか……
うそ!? イチゴ 起《お》きてよ!!
ねえ!!
どうしよう イチゴが…！
美月《みつき》!?

わあっ
やっとわたしになついてくれたのに……!
なにかあったの?
イチゴが死《し》んじゃった…
ぐすっ…
……いや
まだからだがやわらかい
弱《よわ》いけど呼吸《こきゅう》もある
たぶんこれは擬似冬眠《ぎじとうみん》だよ!

ぎじ
とうみん…？
ハムスターはケージ内《ない》の温度《おんど》が下《さ》がると仮死状態《かしじょうたい》※になってしまうことがあるんだ
!?
!?
まだ生《い》きてるってこと…？
…今《いま》はまだ でもこのまま放置《ほうち》すると本当《ほんとう》に死《し》んじゃうよ！
じゃあどうしたら…
まず美月《みつき》はイチゴのからだを手《て》であたためてあげて！ 急激《きゅうげき》にやると心臓《しんぞう》に負担《ふたん》がかかるから少《すこ》しずつ
ピピ
これから暖房《だんぼう》で室温《しつおん》をあげるから
う うん!!
サッ

※呼吸《こきゅう》や心臓《しんぞう》がとまり、意識《いしき》もないため、死《し》んでしまったように見《み》える状態《じょうたい》。適切《てきせつ》な処置《しょち》をすれば回復《かいふく》する可能性《かのうせい》がある。

お願《ねが》い…
イチゴ
目《め》を覚《さ》まして…!
母《かあ》さんカイロあるって、タオルで包《つつ》んで…
ピクッ
もぞ…
動《うご》いた…
動《うご》いたよ
お兄《にい》ちゃん!!
ホッ
そうか…
じゃあこれをスポイトであげて
?

これは？
砂糖水《さとうみず》
水分《すいぶん》とエネルギーを補充《ほじゅう》してあげるためだよ
イチゴ～飲《の》んでくれる？
コク
コク
ホッ
カリ
カリ
ひとまず大丈夫《だいじょうぶ》そうだけど念《ねん》のため動物病院《どうぶつびょういん》に連《つ》れていった方《ほう》がいい
あ…
待《ま》ってお兄《にい》ちゃん！

あの…
ありがとう！
でも…
どうして ハムスターの ことにくわしいの？
……調《しら》べたから…
本《ほん》とかネットで ハムスターの生態《せいたい》を 調《しら》べたから 知《し》って たんだ
興味《きょうみ》 なかったわけ じゃないの？
そういう わけじゃない ただ どうぶつをさわるのは 苦手《にがて》で…

ハムスターはかわいいと思《おも》うよ
お兄《にい》ちゃんもほんとは
イチゴが好《す》きだったんだ…
冷《つめ》たいなんてかんちがい
これからはもう少《すこ》し話《はな》しかけてみようかな

第《だい》10話《わ》

めぐりあい

犬《いぬ》がきらいな翔塁《かける》は、ある不思議《ふしぎ》な体験《たいけん》をして…！？

たっ
こわいから さっさと行《い》こう
ギュ
ド
え
え
え
ゆやぁー
ドザ…
キャー
事故《じこ》だー

ん…
むく…
大丈夫《だいじょうぶ》だったみたいだ…
いてて
スゥ・・・
!
わーー!!
なんだあれ!?
犬《いぬ》がすけてる!
やだ!起《お》きて!!
ワンっ
ワンっ
あの女《おんな》の人《ひと》には見《み》えてないんだ!
ってぼくもだ!ぼくもからだがすけてる!!
くるっ
おまえもオレと同《おな》じみたいだな!
わー!!近《ちか》よるなっぼくは犬《いぬ》がきらい…
ハッ
だっ
ぎゃー!!犬《いぬ》がしゃべった!!
えっ
オレの言葉《ことば》がわかるのか!?

それにこんなに走《はし》り回《まわ》れるぞー
くる
くる
だー
やっぱおかしいよ!!
早《はや》く手当《てあて》しないと!
救急車《きゅうきゅうしゃ》はまだなの!?
ちょっとあんた! なんて運転《うんてん》してんのよ!!
すみません…っ
頭《あたま》を打《う》っているかもしれない
へたに動《うご》かさない方《ほう》がいいですね
ざわ
…ぼくたち死《し》んじゃったのかな…
…そうかもな
ざわ
でもどうせ死《し》ぬならもう一度《いちど》…
えっちょっと
まって…!
ぴと…
スゥ…
からだが消《き》えていってる!!

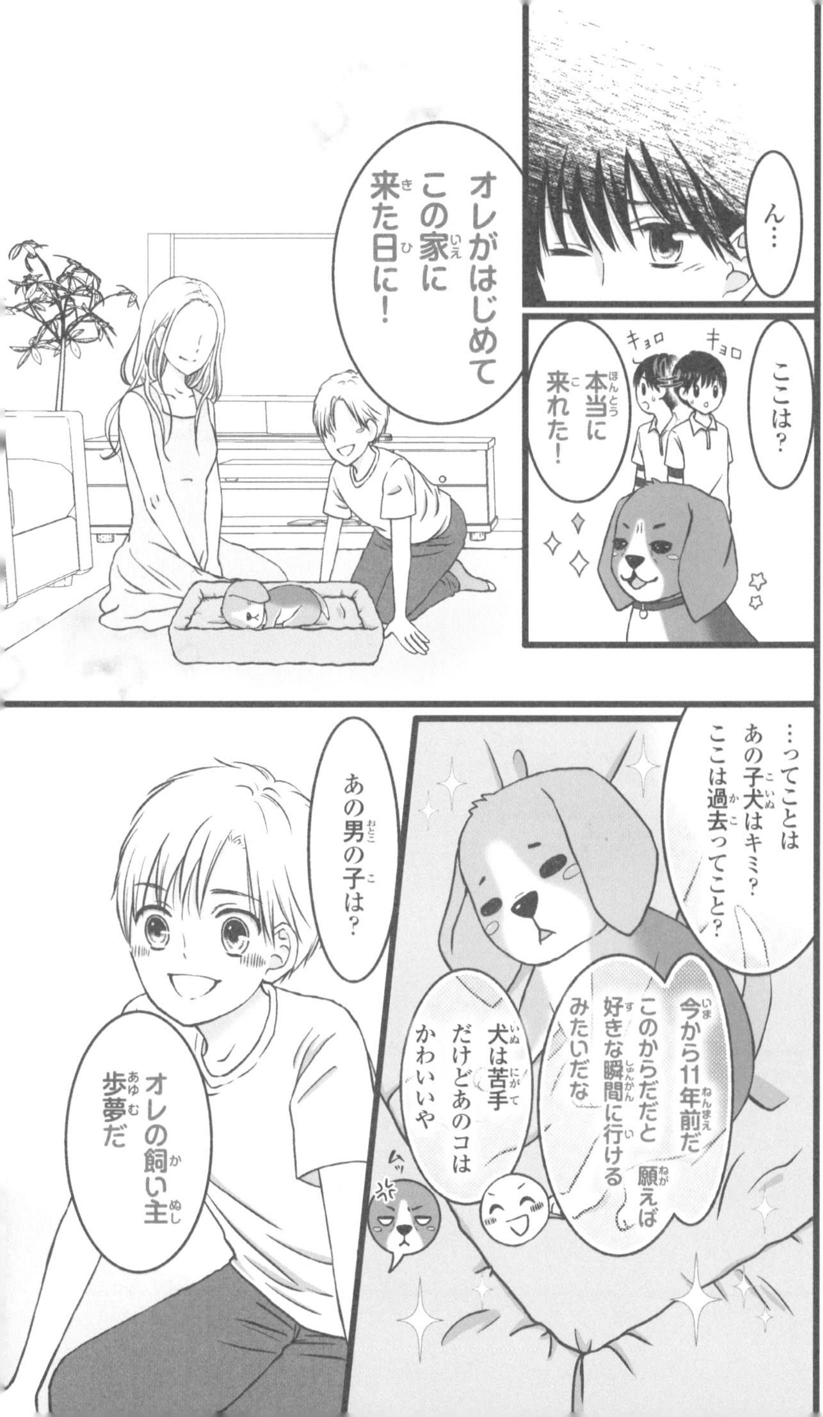
ん…
ここは？
キョロ
キョロ
本当《ほんとう》に来《こ》れた！
オレがはじめてこの家《いえ》に来《き》た日《ひ》に！
…ってことはあの子犬《こいぬ》はキミ？ここは過去《かこ》ってこと？
今《いま》から11年前《ねんまえ》だ
このからだだと願《ねが》えば好《す》きな瞬間《しゅんかん》に行《い》けるみたいだな
犬《いぬ》は苦手《にがて》だけどあのコはかわいいや
ムッ
あの男《おとこ》の子《こ》は？
オレの飼《か》い主《ぬし》歩夢《あゆむ》だ

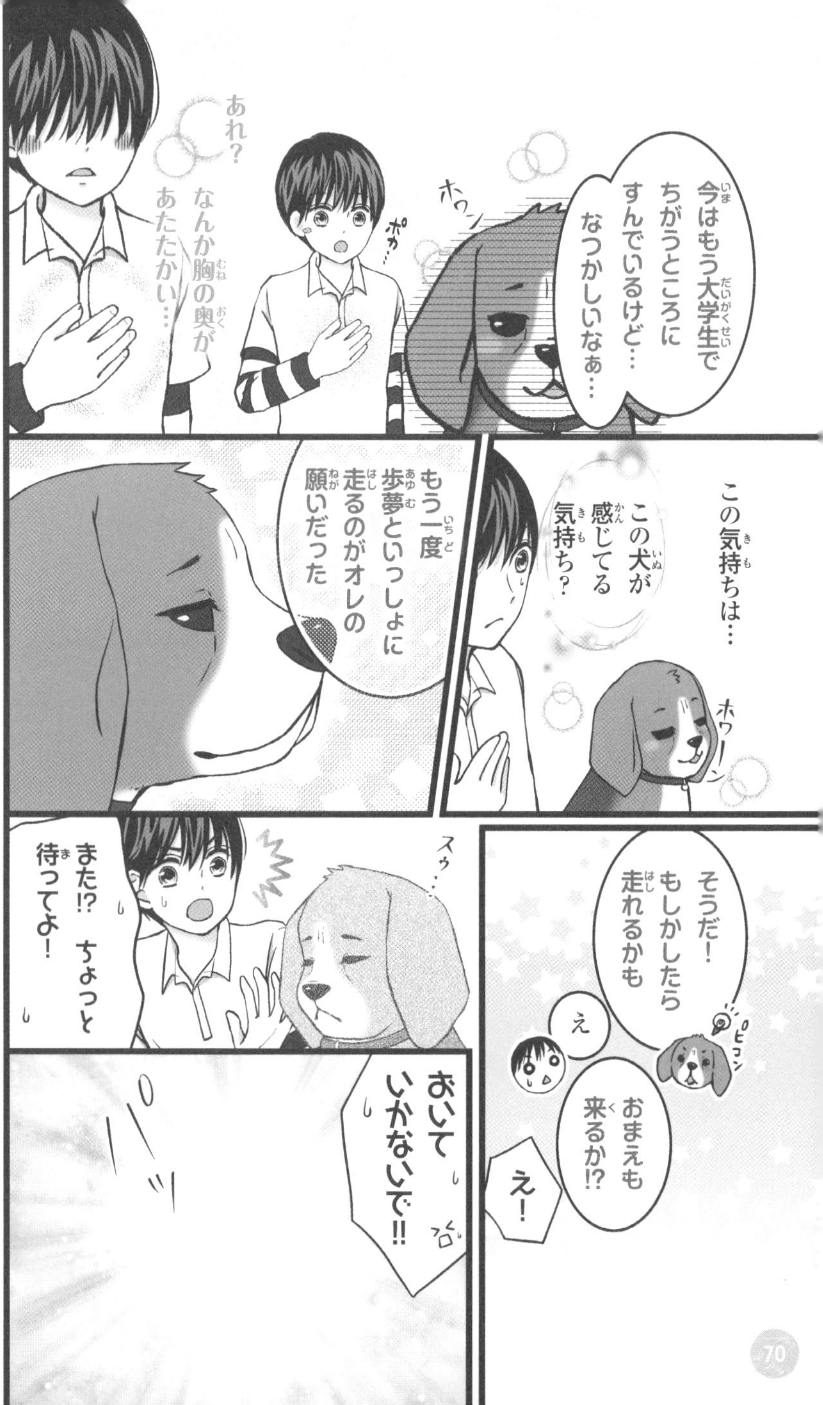
今《いま》はもう大学生《だいがくせい》でちがうところにすんでいるけど…なつかしいなぁ…
ホワ〜ン
ポカ…
あれ?
なんか胸《むね》の奥《おく》があたたかい…
この気持《きも》ちは…
この犬《いぬ》が感《かん》じてる気持《きも》ち?
ホワ〜ン
もう一度《いちど》歩夢《あゆむ》といっしょに走《はし》るのがオレの願《ねが》いだった
そうだ!もしかしたら走《はし》れるかも
ピコン
え
おまえも来《く》るか!?
え!
スゥ…
また!? ちょっと待《ま》ってよ!
おいていかないで!!
パーッ

ワァ
ワァ
ここは ぼくも知《し》ってる 河川敷《かせんしき》だ
いたっ 歩夢《あゆむ》!
カキ
あっ 少《すこ》し大《おお》きく なってるね
かっこいいだろ 歩夢《あゆむ》はチームの エースなんだ!
歩夢《あゆむ》は足《あし》が 速《はや》くて そんな歩夢《あゆむ》と いっしょに走《はし》るのが 大好《だいす》きだった
いけー
わぁ
……
…ぼくは 走《はし》るのは きらい…
今日《きょう》だって運動会《うんどうかい》の リレーの練習《れんしゅう》がいやで 学校《がっこう》に行《い》くとき グズグズしてたら あんなことになって…

せっかく走《はし》れる
足《あし》があるのに
もったいないな
走《はし》れても
ビリじゃ
意味《いみ》ないよ…
…そういえば
キミ名前《なまえ》は？
オレはハヤテ！
ぼくは…翔塁《かける》
カケルか
名前《なまえ》だけは
歩夢《あゆむ》よりも
速《はや》そうだな
キミだって
走《はし》るのがすごく
速《はや》そうな
名前《なまえ》じゃん
…むかしはな
あっそっか
ごめん…
いや もう
年《とし》だからな
そういえばさっき
信号待《しんごうま》ちのとき
ぼくのことにらんで
たよね!?
えっ
にらんでないぞ

なんか覚《おぼ》えのあるにおいだなと思《おも》って…
ぼくのにおいが？それってどういう…
カキーン
おっ 歩夢《あゆむ》がまた打《う》った！
わ～ダメだよハヤテボール拾《ひろ》っちゃ！
だっ
まったくハヤテは
へっへっ
あっちのハヤテがボール持《も》っていっちゃった
おおずるいぞ若《わか》いときのオレ！
わな
わな
オレも走《はし》るぞ！
ハヤテ幸《しあわ》せそうだな…
たっ

あ…
これはハヤテの記憶《きおく》だ
さっきも感《かん》じたけど
ハヤテの気持《きも》ちが
ぼくにもわかるんだ
ポワ
もう一度《いちど》
歩夢《あゆむ》と走《はし》るのが
夢《ゆめ》だったんだ
ハヤテ…
願《ねが》いがかなって
よかったね
まてハヤテっ
あれ？
この光景《こうけい》
どこかで…
パッ

わい わい
あれ? みんな いなくなった
でさー
あれは ママだ!
ちょっと若《わか》い!
じゃあ もしかして
あれは ぼくだ!
小《ちい》さい!
だめだ ぼく! そっち行《い》っちゃ
あぶない!!

ワンワンッ
ぴょん
あぶなかったねー
よいしょ
わーんっ
翔塁《かける》!?
すみませんありがとうございました!
ごめんね翔塁《かける》目《め》をはなして
よかったです
さっきの覚《おぼ》えのある光景《こうけい》はこのときのだったんだ…
あのチビっ子《こ》のにおいをオレも覚《おぼ》えてたんだな
わっ
ハヤテいつのまに!
びくっ
フワッ

ハヤテはぼくの恩人《おんじん》だったんだね
恩犬《おんけん》だな！
へへんっ
でもぼくが犬《いぬ》を苦手《にがて》なのもハヤテのせいなんじゃ…
ハハ…
こんな感《かん》じでさっきのぼくたちもだれかが助《たす》けてくれたら…
あ!!
好《す》きな瞬間《しゅんかん》に行《い》けるなら…
うんっ
行《い》こう あのときに！
いた！
まだ事故《じこ》が起《お》きる前《まえ》だ！
なんとかとめるんだ！
とまるんだぼく！
そうだとまれ！

お願《ねが》い
ぼくを
とめて！
ハヤテ!!
ス…
ピクンッ
ワンワン!!
わっ
ス…
ハッ
びくっ
あれ？
ぼく もとのからだに
もどってる…
だめよほえちゃ
ほら行《い》くよ
スッ
ワンッ
だっ
待《ま》って
あぶない!!
ヴォン
ドンッ

ズザッ
大丈夫《だいじょうぶ》ですか!?
ええ ありがとう
ハッ
ワンッ
ハヤテ…ッ
やったね ぼくたち
ワン!
あんた あぶないじゃない!!
気《き》をつけなさいよ!
たっ たっ
母《かあ》さん大丈夫《だいじょうぶ》!?
だからむかえなんていいって言《い》ったのに…
あ

歩夢《あゆむ》さんだ！
ありがとう母《はは》とハヤテを助《たす》けてくれて
ワンッワンッ
いえっこちらこそ歩夢《あゆむ》さん！
あ…
あれ？なんで名前《なまえ》…こちらこそ？
どこかで会《あ》ったっけ？
ワン…
はい！
ワンッ

第《だい》11話《わ》

雲《くも》の上《うえ》から来《き》たアンティ
~オオタカさんを追《お》いかけて~

ある日《ひ》、百音《もね》は町《まち》の中《なか》で巣《す》をつくるオオタカを見《み》つけて……。

「モネちゃん、お誕生日《たんじょうび》おめでとう。今日《きょう》から12歳《さい》なんだね」

朝《あさ》、百音《もね》がママの形見《かたみ》の時計《とけい》を首《くび》にかけると、ミックス犬《けん》の**アンティ**が話《はな》しかけてきた。身《み》につけると、どうぶつの言《こと》葉《ば》と気持《きも》ちがわかる不思議《ふしぎ》な時計《とけい》だ。

「ありがとう。日曜日《にちようび》なのに、なんだか早《はや》く目《め》が覚《さ》めちゃった。誕生日《たんじょうび》だからかなあ」

兄《あに》の潤《じゅん》はまだ夢《ゆめ》の中《なか》。靴職人《くつしょくにん》のパパも、夜中《よなか》まで仕事《しごと》をしていたらしく、家《いえ》の中《なか》はシーンとしている。

「今日《きょう》はじいじとばあばにお昼《ひる》を食《た》べにおいでって言《い》われてるんだ。ちょっと早《はや》いけど、もう出《で》かけようか、アンティ。パパにはメモを書《か》いておけばいいよね」

「うん、遠回《とおまわ》りだけど、川《かわ》ぞいの遊歩道《ゆうほどう》を通《とお》っていこうよ。いいお天気《てんき》だし」

遊歩道《ゆうほどう》は広々《ひろびろ》して、とても気持《きも》ちがいい。しばらく歩《ある》くと、**キュイキュイッ**と声《こえ》がして、緑色《みどりいろ》のインコが飛《と》んできた。ゆりのき町生《まちう》まれの、ワカケホンセイインコの**ミド**だ。

「オハヨー。モネちゃんたち、お散歩《さんぽ》？　わたしも、おともしちゃおうかな」

「おともするのはべつにいいけど、キビダンゴはないよ」

「えっ、なにそれ。キビダンゴって、おいしいの？」

くいしんぼうのミドは、百音《もね》の肩《かた》にとまるのが大好《だいす》き。百音《もね》がダッシュで走《はし》るときも、なぜか飛《と》ばないで肩《かた》につかまってるへんなインコだ。

「ねえ、モネちゃんたち、どこまで行《い》くの？　まさかこのまま川《かわ》ぞいを歩《ある》いてくの？」

「あさぎ町《まち》のじいじとばあばの家《いえ》まで行《い》くんだ。お昼《ひる》ごはんに呼《よ》ばれてるの。よかったら、ミドもいっしょにどう？」

すると、ミドはブルっと羽《はね》をふるわせた。

「だめだめ、わたしはここで失礼《しつれい》。この先《さき》にはでっかいタカがいるんだから！」

「タカ？　アハハ、まっさかー」

「ホントなんだってば！　わたしのいとこの友《とも》だちの、そのまたいとこが、つかまって食《た》べられちゃったって話《はなし》なの。モネちゃんとアンティも気《き》をつけた方《ほう》がいいよ！」

ミドは、**キュイー**っと鳴《な》きながら、あっという間《ま》に飛《と》んでいってしまった。

「タカって、テレビで見《み》たことあるよ。高《たか》い山《やま》の上《うえ》にいるんでしょ、モネちゃん」

「だよね、まさかこんな町《まち》の中《なか》にはいないよねえ」

しばらく歩《ある》いていくと、見晴《みは》らしのいい草地《くさち》に、長《なが》い望遠鏡《ぼうえんきょう》みたいなものを持《も》った人《ひと》たちが集《あつ》まっている。望遠《ぼうえん》レンズつきのカメラのようだ。

「あのー、なにを撮《と》っているんですか？」
「あの高《たか》い木《き》の上《うえ》に、**オオタカ**が巣《す》をつくっているんだ」
百音《もね》のパパぐらいの年齢《ねんれい》の男《おとこ》の人《ひと》が、教《おし》えてくれた。
「えーっ、オオタカ？　こんなところに？」
男《おとこ》の人《ひと》が指《ゆび》さしたのは、30本《ぽん》ほどのヒマラヤスギが林《はやし》のように立《た》っているところで、その下《した》には人《ひと》が通《とお》れる小《こ》道《みち》もある。でも今《いま》は、木々《きぎ》のまわりにロープがはられて、近《ちか》づけないようになっていた。
「ほら、これ見《み》て。さっき撮《と》ったんだよ」
若《わか》い女《おんな》の人《ひと》が、デジカメの画面《がめん》を見《み》せてくれた。
「わあっ、これがオオタカ？　目《め》がまん丸《まる》～。こんなにかわいい顔《かお》をしてるんだ」
胸《むね》の羽毛《うもう》は白《しろ》くてとても美《うつく》しく、胸《むね》をはっている姿《すがた》は、

力強《ちからづよ》く堂々《どうどう》としていた。

「少《すこ》しでも近《ちか》くで見《み》たくて、つい林《はやし》の中《なか》まで入《はい》ってしまう人《ひと》がいるんだけど、オオタカにとってはストレスだからね。ロープをはって、みんなで見守《みまも》っているんだ」

「今年《ことし》は3羽《わ》のヒナがいて、オスとメスが協力《きょうりょく》して子育《こそだ》てをしているんだよ」

「3羽《わ》もですか？　すごーい！」

「3羽《わ》とも、もう飛《と》べるようになっていて、巣立《すだ》ちもそう遠《とお》くないと思《おも》うんだけど、まだ親鳥《おやどり》にエサを運《はこ》んでもらっているよ。ほら、親《おや》を呼《よ》んでる声《こえ》がする」

ピーッ　ピーッと、よく通《とお》る声《こえ》が木《き》の上《うえ》の方《ほう》から聞《き》こえてきた。

「ずっと前《まえ》にカラスが子育《こそだ》てしてた古《ふる》い巣《す》を使《つか》ってるんだ。そのせいか、カラスとはしょっちゅう追《お》いかけっこやケンカをしているよ。ライバルどうしかもしれないね」

ずっと観察《かんさつ》しているのだそうで、みんな親切《しんせつ》にいろいろなことを教《おし》えてくれる。たくさん話《はなし》を聞《き》いてから、お礼《れい》を言《い》って、百音《もね》とアンティはまた歩《ある》き出《だ》した。

「ミドの言《い》ってたこと、本当《ほんとう》だったんだね。びっくりしたあ」

「ぼくも。……あっ、見《み》て！　あれ、オオタカさんだよね」

空《そら》を、オオタカらしき鳥《とり》が飛《と》んでいく。何羽《なんわ》かのカラスに追《お》いかけられているようだ。上《あ》がったり下《さ》がったりの空中戦《くうちゅうせん》がはじまって、百音《もね》は思《おも》わず立《た》ちどまった。

「あぶない、あっ、ぶつかった！」

そのあと、オオタカの姿《すがた》はふっと消《き》え、カラスだけがべつの方《ほう》に飛《と》んでいった。

「アンティ、タカさん、どうしたのかな。見《み》えなくなっちゃったけど」

そうつぶやいてから、百音《もね》はハッと足元《あしもと》を見回《みまわ》した。アンティの返事《へんじ》がない。手《て》にかけていたはずのリードが、いつの間《ま》にかなくなっている。

「えっ、うそ。アンティ、アンティ？」

「あなたのワンちゃん？　今《いま》、リードをつけたコが一目散《いちもくさん》に走《はし》っていったよ」

前《まえ》から歩《ある》いてきた人《ひと》が、心配《しんぱい》そうな顔《かお》で言《い》った。百音《もね》は、胸《むね》の時計《とけい》をぎゅっとにぎりしめた。手《て》の中《なか》で、時計《とけい》がかすかにふるえて、前《まえ》に進《すす》めと言《い》っているように思《おも》えた。

「あっちなの？　時計《とけい》さん、どうかアンティがいるところに連《つ》れてって！」

大《おお》きな木《き》の下《した》を走《はし》りぬけようとしたとき、1匹《ぴき》のトラ猫《ねこ》が、のそっと現《あらわ》れた。

「うわっ、びっくりした。ねえ、猫《ねこ》さん、うちの犬《いぬ》がここを通《とお》らなかった？」

「犬《いぬ》？　ああ、さっきムクムクしたのが短《みじか》いあしで走《はし》ってったよ。なんで犬《いぬ》ってあんなにむきになって走《はし》るのかねえ。あたしら猫《ねこ》にはまるでわから……」

「ありがと！　ごめん、すっごく急《いそ》いでるから、またね！」

猫《ねこ》はまだなにか言《い》いたそうだったが、最後《さいご》まで聞《き》かずに、百音《もね》は走《はし》り出《だ》した。

（心臓《しんぞう》が……飛《と》び出《だ》しそうだよ。アンティ、いったいどこに行《い》っちゃったの！）

気《き》づいたら、知《し》らない場所《ばしょ》まで来《き》てしまった。もう一度《いちど》時計《とけい》にさわろうとして、百音《もね》はハッとした。

「**えっ、時計《とけい》がない！**　うそでしょ、どこで落《お》としたの？」

あたりは木《き》がうっそうとして、まるで深《ふか》い森《もり》の入口《いりぐち》に立《た》ったようだ。

そのとき、ひとりの女《おんな》の人《ひと》が近《ちか》づいてきた。さっきから百音《もね》の様子《ようす》を見《み》ていたようだ。

「落《お》ちついて。さあ、これで見《み》てごらんなさい」

その人《ひと》は、すっと双眼鏡《そうがんきょう》をさしだした。スカーフをかぶっていて顔《かお》がよく見《み》えない。

（わあ、これ、すごく古《ふる》いけど、アンティーク？　こんなので見《み》えるのかな）

半信半疑《はんしんはんぎ》で目《め》に当《あ》てて、百音《もね》はびっくりした。

「森《もり》の中《なか》に光《ひかり》がさしてる。不思議《ふしぎ》……まるでスポットライトみたい」

その光《ひかり》に照《て》らされて、大《おお》きな鳥《とり》と1匹《ぴき》の茶色《ちゃいろ》い犬《いぬ》が、はっきりと見《み》えた。

「アンティ！」

「この木《き》と木《き》の間《あいだ》をまっすぐね。大丈夫《だいじょうぶ》よ。早《はや》く行《い》ってあげて」

女《おんな》の人《ひと》が指《ゆび》さした。その声《こえ》には、どこか聞《き》き覚《おぼ》えがあるような気《き》がした。

「ありがとうございます！」

双眼鏡《そうがんきょう》を返《かえ》して走《はし》っていくと、うずくまる大《おお》きな鳥《とり》を、アンティが見守《みまも》っていた。

（モネちゃん、なにしてたの、おそいよ〜！）

アンティの目《め》がそう言《い》っている。時計《とけい》はなくても、もう以心伝心《いしんでんしん》なのかも……。

オオタカは青《あお》みがかった灰色《はいいろ》の羽《はね》を片方《かたほう》だけ広《ひろ》げて、悲《かな》しそうに百音《もね》を見《み》つめていた。

そこへ、人《ひと》の声《こえ》がした。さっき観察《かんさつ》していた人《ひと》たちが通《とお》りかかったのだ。

「早《はや》く！　ここにオオタカさんがいます。飛《と》べなくなってるんです」

「えっ、そんなところに？　あっ、お母《かあ》さんタカだ！」

「うちのアンティが見《み》つけたんです」

「遠《とお》くから見《み》ていて、どこかに落《お》ちたんじゃないかと思《おも》って探《さが》しに来《き》たんだけど、ここは死角《しかく》だったなあ。あやうく通《とお》りすぎるところだったよ。本当《ほんとう》にありがとう」

野生動物《やせいどうぶつ》は、人間《にんげん》が勝手《かって》に助《たす》けたりしてはいけないそうだ。そのなかのひとりが、野《や》生動物《せいどうぶつ》の保護団体《ほごだんたい》に連絡《れんらく》してくれることになった。若《わか》い女《おんな》の人《ひと》が言《い》った。
「大丈夫《だいじょうぶ》。わたしたち、ここで保護《ほご》の人《ひと》が来《き》てくれるまで待《ま》つからね」
「オオタカさんがどうなったか、また教《おし》えてください」
「もちろん。たいていさっきの場所《ばしょ》にいるから、いつでも声《こえ》をかけてね」

みんなとあいさつをかわして、百音《もね》とアンティは、来《き》た道《みち》をもどって歩《ある》きだした。
「どうしよう、アンティ。大事《だいじ》なママの時計《とけい》、見《み》つからなかったら……」
アンティも心配《しんぱい》そうに百音《もね》を見上《みあ》げている。いったい、どこで？
泣《な》きそうになって歩《ある》いていると、木《き》のかげからさっきのトラ猫《ねこ》が顔《かお》を出《だ》した。百音《もね》は飛《と》びあがった。なんと、そのコの足元《あしもと》に、時計《とけい》が落《お》ちているではないか！
「キャー！　あった、あった、あった～」
「あたしの目《め》の前《まえ》にこれを落《お》としといて、ちっとも気《き》がつかないんだから。犬《いぬ》も飼《か》い主《ぬし》

もあわてんぼうだねえ。しかたないから、ここで待《ま》っててあげたよ」

時計《とけい》をひろいあげたとたん、トラ猫《ねこ》の言葉《ことば》が聞《き》こえてきた。

「ああ、ほんとにありがとう、猫《ねこ》さん！」

百音《もね》が思《おも》わず抱《だ》きしめると、トラ猫《ねこ》ははずかしがってしげみの中《なか》に逃《に》げてしまった。

「モネちゃん、いっしょに走《はし》ってると思《おも》ったのにさ。ふり向《む》いたらいないんだもん」

アンティは、プンプンした顔《かお》をしている。

「ごめん、ごめんね。でもアンティが見《み》つかってよかった。ほんっとによかった〜」

じいじとばあばの家《いえ》でお昼《ひる》ごはんを待《ま》つ間《あいだ》、百音《もね》はママがつくったアンティークショップをかたどったドールハウスを見《み》ていた。じいじとばあばは、百音《もね》が来《き》たとき、いつでも見《み》られるようにしてくれている。すてきすぎて、何度見《なんどみ》てもあきない。

「わたしもいつか、ミニチュアの家具《かぐ》とか小物《こもの》をつくれるようになるんだ、絶対《ぜったい》」

小《ちい》さな家具《かぐ》の引《ひ》き出《だ》しは、ひとつひとつちゃんと開《ひら》くようになっている。

「あれっ？　これ、前《まえ》から入《はい》ってたっけ。どうして今《いま》まで気《き》がつかなかったんだろう」
引《ひ》き出《だ》しの中《なか》にあったのは、指《ゆび》に乗《の》るほど小《ちい》さな双眼鏡《そうがんきょう》だった。
「これ、さっき森《もり》の入口《いりぐち》で女《おんな》の人《ひと》に借《か》りたのにそっくり！　それに、このお人形《にんぎょう》……」
ドールハウスの中《なか》には、店主《てんしゅ》のおじいさんと、女《おんな》の人《ひと》のお人形《にんぎょう》がいる。さっきの人《ひと》は、そのお人形《にんぎょう》にとてもよく似《に》た服装《ふくそう》をしていた。そういえば、あの声《こえ》も……。
「アンティにはじめて会《あ》った日《ひ》、道《みち》を教《おし》えてくれた女《おんな》の人《ひと》の声《こえ》と同《おな》じだった気《き》がする。これもママの魔法《まほう》？　助《たす》けてくれたのかな。わたしがアンティを見《み》つけられるように……」
そのとき、ばあばが百音《もね》たちを呼《よ》ぶ声《こえ》がした。

「わあっ、すごーい、まるでバイキングみたい」

ふたつつなげたテーブルに、お皿《さら》がいっぱい。庭《にわ》でつくった野菜《やさい》に、パン、おにぎり、サケの塩焼《しおや》き、ハム、ソーセージ、フルーツ、ウコッケイのコッコが産《う》んだ卵《たまご》も！

「百音《もね》、お誕生日《たんじょうび》おめでとう！」

そこに入《はい》って来《き》たのは、なんとパパと兄《あに》の潤《じゅん》だ。潤《じゅん》はケーキの箱《はこ》をかかえている。

「えーっ、ふたりとも、まだ寝《ね》てるんじゃなかったの？」

「ふふ、ナイショで呼《よ》んであったのよ。みんなでお祝《いわ》いしたら楽《たの》しいでしょ」

「キュイキュイッ。モネちゃーん、お誕生日《たんじょうび》なんだって？　おめでとう〜」

窓《まど》のところに、いつの間《ま》にかミドがとまっている。

「ねえねえ、モネちゃんたち、タカを助《たす》けちゃったんだって？」

「えっ、もう知《し》ってるの？　はやっ」

アンティが目《め》を丸《まる》くすると、ミドは得意《とくい》そうにからだをゆらした。

「わたしたちの連絡網《れんらくもう》、すごいんだよ。なんでもわかっちゃうんだから」

そして、その日《ひ》、パパがプレゼントしてくれたものは……。
「わーっ、双眼鏡《そうがんきょう》！　わたし今《いま》、これがいちばんほしかったんだ。どうしてわかったの？」
「百音《もね》は生《い》きものが好《す》きだからさ。遠《とお》くの小鳥《ことり》も見《み》たいんじゃないかと思《おも》ってね」
「モネちゃん、パパって時々《ときどき》すごいよね。ぼく、見直《みなお》しちゃったよ」
アンティが、百音《もね》のひざの上《うえ》でささやいた。
保護《ほご》されたお母《かあ》さんタカは、羽《はね》にケガをしていて、しばらく入院《にゅういん》して治療《ちりょう》を受《う》けた。その間《あいだ》は、お父《とう》さんタカが3羽《わ》の子《こ》どもたちに食《た》べ物《もの》を運《はこ》んで育《そだ》てていたという。ハトやムクドリをとって食《た》べさせるそうだ。
「やっぱり小鳥《ことり》をつかまえるんだ。ミドがこわがるのも、無理《むり》ないね、モネちゃん」
「そうだね。でも、みんな、なにかを食《た》べて生《い》きているんだもんね」

そしてお母《かあ》さんタカは、10日《か》ほどで飛《と》べるようになってもどってきた。

「百音《もね》ちゃんとアンティのおかげだよ。早《はや》く手当《てあ》てができたから、回復《かいふく》も早《はや》かったんだ」

観察《かんさつ》をしている人《ひと》のひとりが、お母《かあ》さんタカとヒナの写真《しゃしん》をプレゼントしてくれた。

家《いえ》でその写真《しゃしん》を見《み》たパパは、涙《なみだ》ぐんでしまった。

「オオタカ母《かあ》さん、元気《げんき》になってよかったなあ。オオタカ父《とう》さんも、がんばったなあ」

(パパもがんばってきたんだよね。わたしとお兄《にい》ちゃんのために……。いつかパパにちゃんとお礼《れい》を言《い》わなくちゃ、今《いま》は、ちょっとはずかしくて言《い》えないけど)

その夜《よる》、百音《もね》はオオタカの背中《せなか》に乗《の》って空《そら》を飛《と》ぶ夢《ゆめ》を見《み》た。もちろんアンティもいっしょだ。大空《おおぞら》にうかぶ雲《くも》の上《うえ》で、ママが優《やさ》しくほほえんでいるような気《き》がした。

★「雲《くも》の上《うえ》から来《き》たアンティ」は、『希望《きぼう》のどうぶつ物語《ものがたり》』シリーズ、『感動《かんどう》のどうぶつ物語DX《ものがたりデラックス》』シリーズでも読《よ》めるよ。

気《き》づいたら、いつもキミのことを考《かんが》えてる。
「今《いま》、どうしてるかな」
「なにか困《こま》っていないかな」
「こわい思《おも》いをしてないかな」

だれかが、だれかのことを想《おも》ったら
幸《しあわ》せを願《ねが》ったら……
きっとそこには、きずなが育《そだ》っていくんだね。

第《だい》2章《しょう》

キミと会《あ》えた幸《こう》福《ふく》

Kimi to Aeta Koufuku

今《いま》、わたしがハッピーなのは
キミと出《で》会《あ》えたからだって
いつも忘《わす》れずにいたいんだ。

第《だい》12話《わ》 スノウ・ボール・マジック

小《しょう》6の椿《つばき》は、震災《しんさい》のときに犬《いぬ》たちと居合《いあ》わせて…。

わたしは北澤椿《きたざわつばき》小学《しょうがく》6年生《ねんせい》
今日《きょう》はとなり町《まち》まで友《とも》だちの誕生日《たんじょうび》プレゼントを買《か》いに来《き》た
PET GOOD
キュ♪
HOME
犬用《いぬよう》かみかみぬいぐるみだって…かわいいー！
友《とも》だちは犬《いぬ》を飼《か》ってるから犬用《いぬよう》おもちゃに決定《けってい》！
ありがとうございました～
喜《よろこ》んでくれるかな～
ゴ…

ゴォォォォ
地震《じしん》だ！
キャー
あぶないっ
ゴォォォォ
安全《あんぜん》なところへ！
おじょうさんこっちへ
ゴゴ
ゴゴ
はなまる公園
ドッグラン
ぶるぶる
ガタ
ガタ…
また余震《よしん》だ
……

おじょうさん 大丈夫《だいじょうぶ》かい？
はい…
おじいさんが とっさにわたしを ドッグラン広場《ひろば》に 避難《ひなん》させてくれた
やっと携帯《けいたい》が つながった おうちの人《ひと》に かけてごらん
うん… ありがとう
電車《でんしゃ》がとまってて むかえに来《く》るのに 時間《じかん》かかるって…
そうか…
どうしよう どうしよう
ひとりぼっちで 心細《こころぼそ》いよ…
ぶる ぶる
ぺろ
クウン…

このコも不安《ふあん》そうだ
すごいフワフワなんて犬《いぬ》ですか？お名前《なまえ》は？
もこもこふわふわ
ビションフリーゼのネージュっていうんだ
ネージュ！
よしよし
よく見《み》たら
ここにいる犬《いぬ》たちも飼《か》い主《ぬし》さんにぴったりくっついて
不安《ふあん》そうにふるえてる…

そうだっ ネージュ これで遊《あそ》ぼ！
じゃじゃ～ん！
HONE
はみっ
ありがとう ネージュも 気《き》がまぎれて うれしそうだ
お母《かあ》さんが むかえに来《き》て くれるまでの間《あいだ》 何度《なんど》も余震《よしん》が あったけれど
HONE
おじいさんや ネージュのおかげで 心細《こころぼそ》い気持《きも》ちが やわらいだ

あの震災《しんさい》から1年《ねん》――――
椿《つばき》～遅刻《ちこく》するよ～
やばいやばい
わたしは地震《じしん》のトラウマで犬《いぬ》のぬいぐるみを抱《だ》っこしていないと寝《ね》られなくなっていた
ぽんっ
行《い》ってくるねネージュ
いつか本物《ほんもの》の犬《いぬ》を飼《か》ってみたいなあ…
へえ…
「震災《しんさい》で行《ゆ》き場《ば》を失《うしな》ったペットたち」だって
震災で行き場を失ったペットたち

震災《しんさい》で飼《か》い主《ぬし》と はなればなれになった 犬《いぬ》や猫《ねこ》を 保護《ほご》している施設《しせつ》が あるそうだ
うちから わりと近《ちか》いな〜
はなれ ばなれ…？
あの日《ひ》地震《じしん》で 不安《ふあん》そうに ふるえていたコ たちを思《おも》い出《だ》した
……
ただでさえ こわい思《おも》いを したのに
大好《だいす》きな 飼《か》い主《ぬし》さんと 離《はな》れちゃったら どんなに 心細《こころぼそ》いだろう…
お父《とう》さん
わたし その施設《しせつ》 行《い》ってみたい！

見学《けんがく》の北澤《きたざわ》です
ここでは被災《ひさい》した飼《か》い主《ぬし》さんからあずかったりなどさまざまな事情《じじょう》のあるコが里親《さとおや》を探《さが》しています
トボ トボ…
あの白《しろ》いコ元気《げんき》ないですね…
最近《さいきん》食欲《しょくよく》が落《お》ちてるんです 獣医《じゅうい》さんにみてもらっても悪《わる》いところはなくて
〝ユキ〟はね…
トボトボ…

東北《とうほく》で被災《ひさい》した飼《か》い主《ぬし》さんが飼《か》えなくなって…
飼《か》い主《ぬし》さんは何度《なんど》も会《あ》いに来《き》てくれたんですが最近《さいきん》はなかなか…それで落《お》ちこんでるのかもしれないですね
ユキ…さみしいのかな
こんにちはー
良先生《よしせんせい》!
往診《おうしん》に来《き》ました
見学《けんがく》の方《かた》ですか?
ここでボランティアをしている獣医《じゅうい》の仲間良《なかまよし》です
こ…こんにちは〜

ユキ！おじいちゃんが来《こ》られなくてさみしそうだな
ペルとリッキーの様子《ようす》はどうですか
まだ少《すこ》し不安障《ふあんしょう》がい※の行動《こうどう》が出《で》ていて…
まめ太《た》とテッは落《お》ち着《つ》いてきましたね
ゆっくり見学《けんがく》していってください
獣医《じゅうい》さんってすごい…！
病気《びょうき》を治《なお》すだけじゃなく1匹《ぴき》1匹《ぴき》がどんな状態《じょうたい》でどんな気持《きも》ちか判断《はんだん》するのもお仕事《しごと》ですね

※飼《か》い主《ぬし》と離《はな》れることで犬《いぬ》が大《おお》きな不安《ふあん》を感《かん》じ、ほえ続《つづ》けたりものを壊《こわ》したりといった問題行動《もんだいこうどう》をする。

見学《けんがく》してどうだった?椿《つばき》
うん…
わたし犬《いぬ》ってかわいくて癒《いや》されるから飼《か》ってみたい♪
なんて軽《かる》く思《おも》ってたけど…
犬《いぬ》たちにも気持《きも》ちがあって
不安《ふあん》なときほえたり自分《じぶん》をかんだりごはんを食《た》べなくなっちゃうって教《おし》えてもらって…
飼《か》うならしっかり犬《いぬ》の気持《きも》ちや行動《こうどう》を勉強《べんきょう》しないとって思《おも》った!
そうだなあ
そういえばあの施設《しせつ》でお散歩《さんぽ》ボランティアを探《さが》してるって
中学生《ちゅうがくせい》からできるって!
えっ

わたし…
やってみたい！
よろしくお願《ねが》いします
椿《つばき》さんありがとう
スタッフさんに散歩《さんぽ》の仕方《しかた》も教《おし》えてもらって
少《すこ》しずつ犬《いぬ》たちのことを知《し》っていった
走《はし》り出《だ》したいコ
ゆっくり歩《ある》くコ
ほえちゃうコ
いろいろだな〜
すぐ仲《なか》よくなれたコもいるし

ユキみたいに全然《ぜんぜん》心《こころ》を開《ひら》いてくれないコもいる
トボトボー
お散歩《さんぽ》するようになってずいぶんたつけどユキのしょんぼりした顔《かお》しか見《み》てないよ…
はー
それにしても寒《さむ》いっ
ちら
あ
ちら
ちら
雪《ゆき》!

パァッ
ワンッ
ピョン
ワンッ
ピョン
えっえっ ユキ!?
どうしたの うれしいの!?
ワンッ
ワンッ
そうそう ユキは 雪《ゆき》が 大好《だいす》きなんだ
東北《とうほく》に いたころを 思《おも》い出《だ》すの かもしれない
DOG FOOD

東北《とうほく》にいたころ…？
雪《ゆき》は飼《か》い主《ぬし》さんとの大切《たいせつ》な思《おも》い出《で》なんだね
ユキ
その後《ご》
飼《か》い主《ぬし》のおじいさんから病気《びょうき》が悪《わる》くなってユキを引《ひ》きとることができなくなったと連絡《れんらく》がありました
里親《さとおや》さんが見《み》つかったら名前《なまえ》を変《か》えていいって…

椿《つばき》
ユキのことが心配《しんぱい》なのか?
うん…
もう飼《か》い主《ぬし》さんと会《あ》えないってわかったら
ぽろ…
ユキはずっと元気《げんき》が出《で》ないままかもしれない…

なあ椿《つばき》
わたしたちでユキの里親《さとおや》になるか?
え…
じつは少《すこ》しずつはじめていたんだ
今《いま》やってる飲食店《いんしょくてん》をたたんで長野《ながの》でコテージを開《ひら》く準備《じゅんび》
お父《とう》さんいつか故郷《こきょう》の長野《ながの》に移住《いじゅう》したいって言《い》ってたもんね
ああ
椿《つばき》がきちんと犬《いぬ》のことを学《まな》んでユキの気持《きも》ちをわかろうとがんばってる姿《すがた》を見《み》て
今《いま》だ…って決《き》めたんだ!

長野《ながの》の自然《しぜん》と雪《ゆき》のある環境《かんきょう》で
ユキをむかえ入《い》れよう
うんっ
それから
わたしの高校進学《こうこうしんがく》と
コテージの完成《かんせい》にあわせて
長野《ながの》に引《ひ》っ越《こ》した

“スノウ”に
名前《なまえ》を変《か》えた
ユキといっしょに——
スノウの里
じゃじゃーん
こちらがコテージ
“スノウの里《さと》”
でーす！
今日《きょう》から
ここが
スノウの家《いえ》だよ
雪《ゆき》がまだまだ
いっぱいだ〜
くん
くん
スノウの里
ニャー
新《あたら》しい環境《かんきょう》に
少《すこ》しずつなれた
スノウ
こんにちはー

ちょこんっ
わっ
ようこそスノウの里へ!
いつしかスノウの里《さと》の大人《だいにん》気《き》看板犬《かんばんけん》になって…
かわい〜
ブログで見《み》たよー
「お客《きゃく》さんやいっしょに来《き》た犬《いぬ》たちと…」
スノウの里通信《さとつうしん》
ブログ担当《たんとう》
「…遊《あそ》ぶのが楽《たの》しくてしかたがないスノウなのでした」っと
もうしょんぼり顔《がお》じゃなくなったね! スノウ
ワンッ

スノウも
もう12歳《さい》か…
パチ
パチ…
スーー
スー
スー
スーー
わたし　ずっと
さみしがってる
スノウを
癒《いや》してあげたい
って思《おも》ってた
でもね
スノウが
元気《げんき》になって
いくのを見《み》て
わたし自身《じしん》が
癒《いや》されていた
んだなーって

獣医《じゅうい》さんになるって夢《ゆめ》をもてたのはスノウのおかげだよ
ありがとうねスノウ…
念願《ねんがん》だった獣医学部《じゅういがくぶ》のある大学《だいがく》に合格《ごうかく》し東北《とうほく》でひとりぐらしをはじめた
ここがスノウの故郷《こきょう》——

勉強《べんきょう》は大変《たいへん》だけどたくさんの犬《いぬ》たちを助《たす》けるためにがんばらなきゃ
そのころ――
なんと良先生《よしせんせい》が縁《えん》をつないでくれて
もとの飼《か》い主《ぬし》さんが長野《ながの》まで〝ユキ〟に会《あ》いに来《き》てくれたとお父《とう》さんから聞《き》いた

スノウ…
とってもうれしそう
よかった…
よかったねスノウ…

その年《とし》の冬休《ふゆやす》み
わたしが帰省《きせい》した日《ひ》にスノウは旅立《たびだ》った
ありがとうスノウ…
わたし　東北《とうほく》でりっぱな獣医《じゅうい》になるからね…

★犬《いぬ》のユキ（スノウ）が登場《とうじょう》するお話《はなし》は、『感動《かんどう》のどうぶつ物語《ものがたり》DX《デラックス》　涙《なみだ》のむこう』でも読《よ》めるよ。

うちのしばたろう ～大《おお》きめ柴《しば》のビッグな日々《ひび》～

第《だい》13話《わ》 犬《いぬ》ちがい

うちのしばたろうは
ちょっと大《おお》きめ
どーん
もふう…
あらー
かわいいー!
秋田犬《あきたいぬ》
ですか?
し…
柴犬《しばいぬ》です
秋田犬《あきたいぬ》(大型犬《おおがたけん》)
柴犬《しばいぬ》
大型犬《おおがたけん》の秋田犬《あきたいぬ》に
よくまちがわれます
そんなに大《おお》きいかなー?
ごはんの量《りょう》も、
ちゃんとはかって
あげてるのにね…

第《だい》14話《わ》 好《す》きな遊《あそ》び

うちの
しばたろうは
ボール投《な》げが好《す》き
なげて
なげて
いいけど…
ピュ――ッ
遠《とお》くに投《な》げても
もどってこない
ポコーン
近《ちか》くで投《な》げても
キャッチできない
最初《さいしょ》にもどる…
なにが
楽《たの》しいの…?
遊《あそ》ぶのが
へたなのに、
いつもやる気満々《きまんまん》です!

第《だい》15話《わ》 こだわり

うちのしばたろうは犬服《いぬふく》がきらい
みてみてかわいいよー!!
ポーイッ
あー!!
でも雨《あめ》の日《ひ》はやむをえず…
ジタバタ
しかたないじゃんぬれちゃうよ!
むりやり着《き》せるとお散歩《さんぽ》拒否《きょひ》
おーい出《で》てきてよー
けっきょく着《き》ないでお散歩《さんぽ》して、ずぶぬれで帰《かえ》ってきます

第《だい》16話《わ》 ギャップ

うちのしばたろうは見《み》た目《め》が強《つよ》そう
バーン
けれど
のしっのしっ
ヒャッ
ビクゥ!!
すごくビビリです
見《み》なれないものに、すぐおどろいちゃいます…

どうぶつ心理《しんり》テスト 奇《き》跡《せき》編《へん》

答《こた》えに迷《まよ》ったときは、考《かんが》えこまず直感《ちょっかん》で選《えら》んでね。

テスト 1

なんとなく「奇跡《きせき》を起《お》こしそうだな」と感《かん》じるどうぶつは？

A 犬《いぬ》

B 猫《ねこ》

C 鳥《とり》

D ウサギ

めくって！

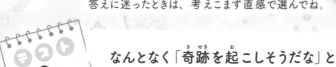

診《しん》断《だん》 1

テスト1でわかるのは……

あなたにおとずれる奇跡《きせき》

A めぐりあう奇跡《きせき》

犬《いぬ》を選《えら》んだあなたは、仲間思《なかまおも》い。家族《かぞく》や友《とも》だちと強《つよ》いきずなで結《むす》ばれるはず。すばらしい人間関係《にんげんかんけい》にめぐまれて、特別《とくべつ》な愛情《あいじょう》や友情《ゆうじょう》に出会《であ》う奇跡《きせき》を起《お》こすよ。

B チャンスをつかむ奇跡《きせき》

猫《ねこ》を選《えら》んだあなたは、好《す》ききらいがはっきりしていて、自分《じぶん》が本当《ほんとう》にいいって思《おも》ったことをやるタイプだね。才能《さいのう》を生《い》かして、奇跡《きせき》を呼《よ》びこむよ。

C 大《おお》きな夢《ゆめ》をかなえる奇跡《きせき》

大空《おおぞら》を飛《と》ぶ鳥《とり》を選《えら》んだあなたは、スケールが大《おお》きい人《ひと》。みんながあこがれのまま終《お》わる夢《ゆめ》を自分《じぶん》の力《ちから》でかなえそう。広《ひろ》い世界《せかい》に向《む》かって羽《は》ばたいていこう。

D 絶体絶命《ぜったいぜつめい》から生《い》きのびる奇跡《きせき》

ウサギを選《えら》んだあなたは、だれよりもおとなだね。なにかあったとわかっても、相手《あいて》が言《い》うまで聞《き》かずにすませられるはず。明《あか》るくいつもどおりに接《せっ》するのがうまいよ。

テスト 2

子《こ》リスが、高《たか》い木《き》からあしをすべらせて
大《だい》ピンチ！　落《お》ちそうなところを、
あなたが見事《みごと》キャッチして助《たす》けたよ。
そのときの子《こ》リスの様子《ようす》は？

A あなたの手《て》の中《なか》で
ふるえている

B あなたの手《て》の中《なか》で
丸《まる》くなる

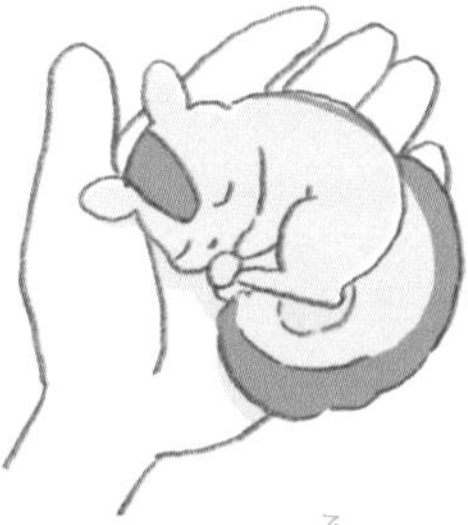

C あなたの手《て》に
しがみつく

D あなたの手《て》から
逃《に》げようとする

めくって！

診断《しんだん》 2

＼ テスト 2 でわかるのは…… ／

あなたの奇跡《きせき》のパワーは？

A 偶然《ぐうぜん》にみちびかれる奇跡《きせき》

あなたは、いわゆる運《うん》が強《つよ》い人《ひと》。たまたましたことや行《い》った場所《ばしょ》で、特別《とくべつ》な時間《じかん》を過《す》ごせそう。直感《ちょっかん》やひらめきにしたがって動《うご》くと、すごいことが起《お》こるよ。

B 運命《うんめい》を変《か》える奇跡《きせき》

あなたは、自分《じぶん》で奇跡《きせき》を起《お》こせる人《ひと》。「今《いま》、自分《じぶん》がやるしかない」と覚悟《かくご》を決《き》めたとき、すごいことをやりとげられるはず。いざというときに、立《た》ち向《む》かおう。

C スペシャルな奇跡《きせき》

あなたは、ふつうの人《ひと》が一生《いっしょう》かかっても体《たい》験《けん》できないすごい奇跡《きせき》を引《ひ》き寄《よ》せそう。歴《れき》史《し》に残《のこ》る瞬間《しゅんかん》に立《た》ちあうなど、超《ちょう》レアなことを経験《けいけん》する可能性《かのうせい》も。

D さりげない奇跡《きせき》

あなたは、日常《にちじょう》のなかで小《ちい》さな奇跡《きせき》をいっぱい起《お》こしそう。優《やさ》しさと思《おも》いやり、想像《そうぞう》力《りょく》を働《はたら》かせれば、人《ひと》を助《たす》けたり、幸《しあわ》せにしてあげたりできるよ。

第《だい》17話《わ》

七夕《たなばた》の奇跡《きせき》ミーニャン

本好《ほんず》きの茉麻《まあさ》は、友《とも》だちとあまり話《はなし》があわず悩《なや》んでいて…。

ワイ
ワイ
ワイ
昨日《きのう》のヒカリンの動画《どうが》おもしろかったよね～！
ねっ 茉麻《まあさ》ちゃんもおもしろいと思《おも》うよね？
あっ…うん…
原田茉麻《はらだまあさ》

あ〜
この前《まえ》
もさー
うん
うん
…まただ
友《とも》だちとうまく
話《はな》せない
いつも緊張《きんちょう》
しちゃうんだ

わたしにも…
緊張《きんちょう》しないで
しゃべれる
親友が
できますように
本当《ほんとう》の友《とも》だちが
できますように——
チュン
起《お》きて
起《お》きて
へ…？
目覚《めざ》まし
こんな音《おと》
だっけ？
やっと
起《お》きた!!

オハヨー!!
ミーニャンだよ!
ガバッッ
キャ〜
キャ〜〜〜!!!
バン…!!
大丈夫《だいじょうぶ》か!?
な…
なんでもない
ちょっと
こわい夢《ゆめ》
見《み》ただけ…
そうか…

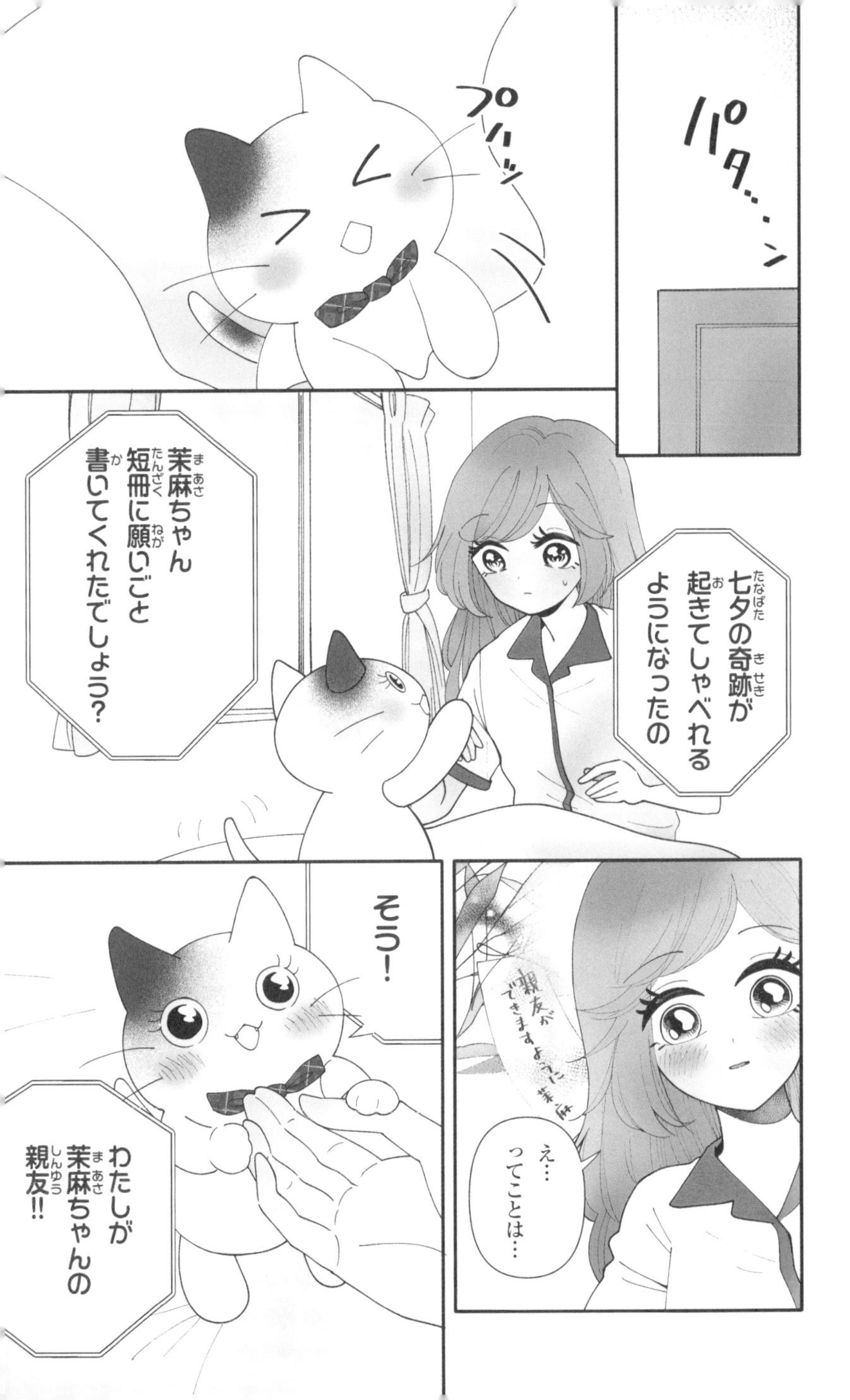

パタ…ン
プハッ
七夕《たなばた》の奇跡《きせき》が起《お》きてしゃべれるようになったの
茉麻《まあさ》ちゃん短冊《たんざく》に願《ねが》いごと書《か》いてくれたでしょう?
親友ができますように 茉麻
え…ってことは…
そう!
わたしが茉麻《まあさ》ちゃんの親友《しんゆう》!!

こうして
秘密《ひみつ》の友《とも》だちどうしに
なったミーニャンと
わたしは
毎日《まいにち》 部屋《へや》で
おしゃべりする
ようになった
次《つぎ》は保護猫《ほごねこ》の
本《ほん》を読《よ》もうかな
茉麻《まあさ》
ちゃんは…
学校《がっこう》のお友《とも》だちと
本《ほん》の話《はなし》は
しにゃいの？

……
したことないんだ
みんなアイドルやファッションの話《はなし》ばかりで…
わたしも話《はなし》を聞《き》くのは好《す》きなんだけど…
茉麻《まあさ》ちゃんがいちばん好《す》きなのは本《ほん》の話《はなし》だもんね
うん…地味《じみ》だよね
そんなことないにゃん！見《み》て！
本《ほん》の紹介《しょうかい》をしてる動《どう》画《が》配《はい》信《しん》者《しゃ》さん！
とっても楽《たの》しそうなんだ!!
視聴回数 1,056,842回

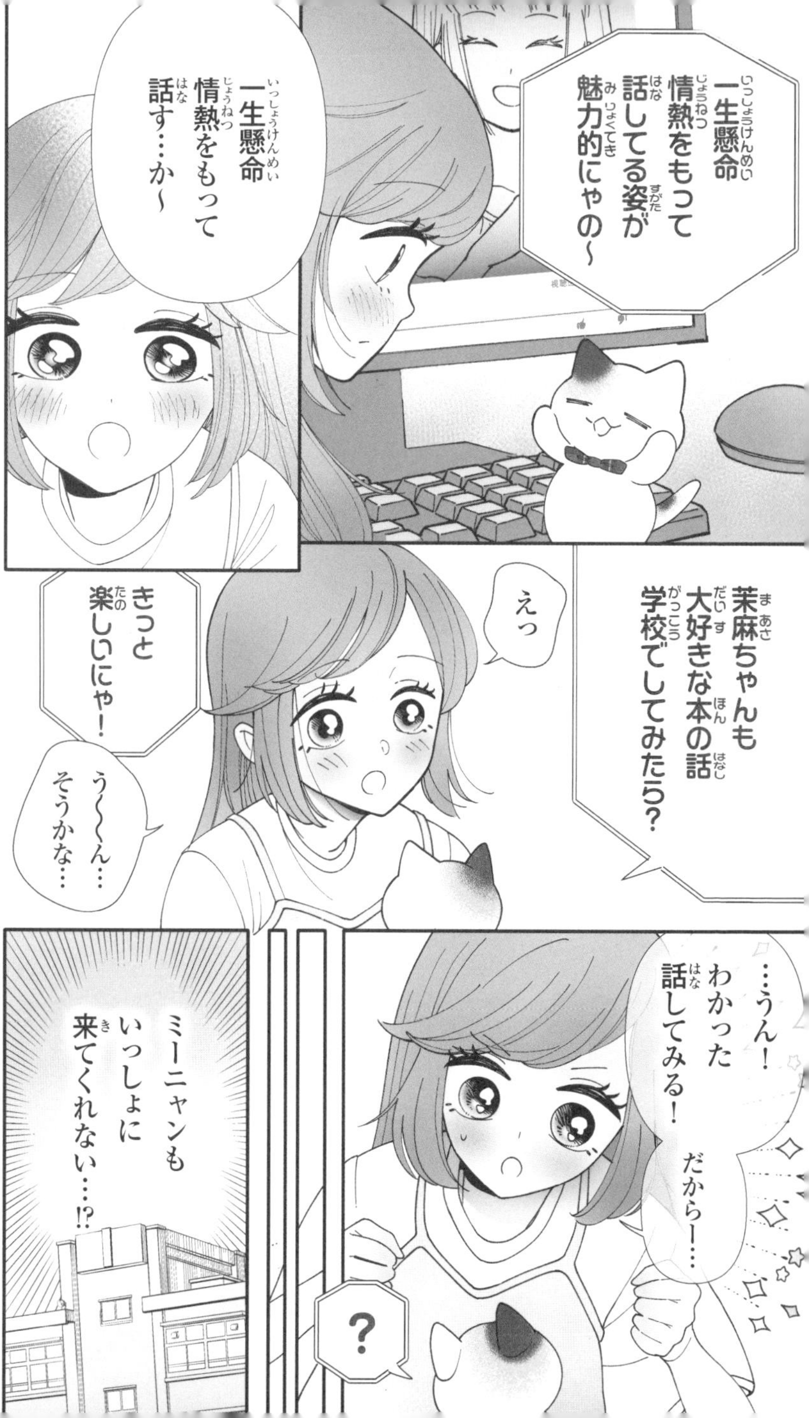
一生懸命《いっしょうけんめい》情熱《じょうねつ》をもって話《はな》してる姿《すがた》が魅力的《みりょくてき》にゃの～
一生懸命《いっしょうけんめい》情熱《じょうねつ》をもって話《はな》す…か～
茉麻《まあさ》ちゃんも大好《だいす》きな本《ほん》の話《はなし》学校《がっこう》でしてみたら？
えっ
きっと楽《たの》しいにゃ！
う～～ん…そうかな…
…うん！わかった話《はな》してみる！
だから一…
？
ミーニャンもいっしょに来《き》てくれない…!?

キーンコーン…
…と言《い》ったものの
放課後《ほうかご》まで話《はな》すタイミングなかったなあ…
なかなか急《きゅう》には変《か》われないや…
ねえ！あれ…！
ノラ猫《ねこ》かな…
母猫《ははねこ》も見当《みあ》たらないし どんどん弱《よわ》っちゃうよ…

どうしよう…
助《たす》けてあげたいけど…
どうすれば…
だれかが病院《びょういん》に連《つ》れていかないと……
ギュ
茉麻《まあさ》ちゃん
お願《ねが》い！子猫《こねこ》を助《たす》けて
同《おな》じ猫仲間《ねこなかま》として放《ほお》っておけないよ…！
わ…わたしには無理《むり》だよ…！
ガアッ
カァッ

カラスにおそれちゃう…!
茉麻《まあさ》ちゃんなら大丈夫《だいじょうぶ》!!
本《ほん》で得《え》た知識《ちしき》と優《やさ》しさがあるにゃん!!
タッ…!!
やってみる…!!
昨日《きのう》本《ほん》で読《よ》んだ
子猫《こねこ》の保護《ほご》のしかた
本当《ほんとう》は洗濯《せんたく》ネットがいいらしいけど…
●保《ほ》護《ご》のしかた

●猫《ねこ》を怖《こわ》がらせないように近《ちか》づこう
そぉ〜…
気配《けはい》を消《け》して少《すこ》しずつ…
スッ
わっ

ママに頼《たの》んで病院《びょういん》でみてもらってくる…!
タッ
タッ
タッ
茉麻《まあさ》ちゃん
ありがとう
病院《びょういん》も行《い》ったし
これで一安心《ひとあんしん》だね

名前《なまえ》…ソラってつけてもいい？
ええ！
きれいな瞳《ひとみ》…
七夕《たなばた》の夜空《よぞら》みたい
いいにゃまえ…
ねえねえ！
昨日《きのう》の子猫《こねこ》どうなった

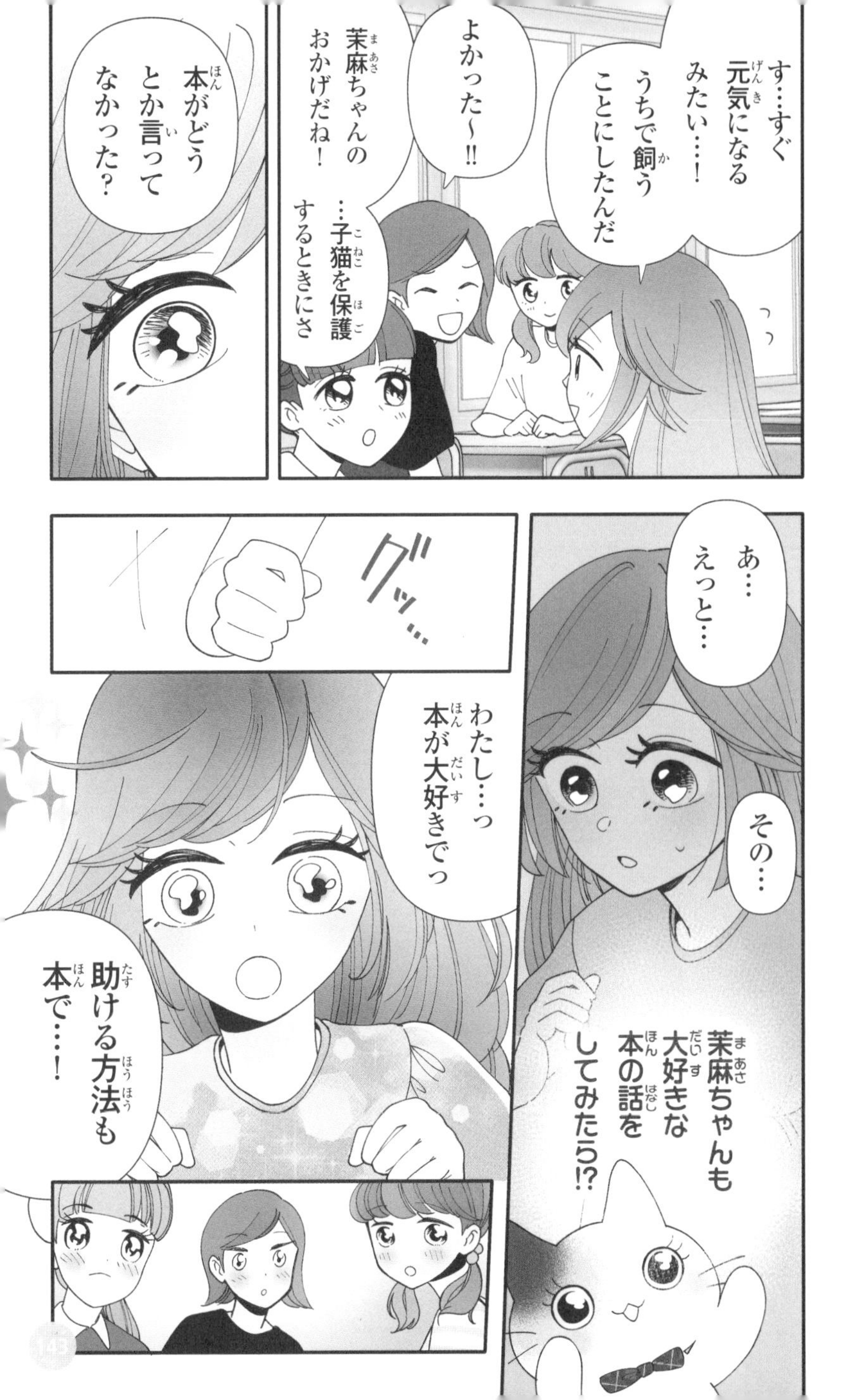
す…すぐ元気《げんき》になるみたい…！
うちで飼《か》うことにしたんだ
よかった〜!!
茉麻《まあさ》ちゃんのおかげだね！
…子猫《こねこ》を保護《ほご》するときにさ
本《ほん》がどうとか言《い》ってなかった？
あ…えっと…
その…
茉麻《まあさ》ちゃんも大好《だいす》きな本《ほん》の話《はなし》をしてみたら!?
グッ…
わたし…っ本《ほん》が大好《だいす》きでっ
助《たす》ける方法《ほうほう》も本《ほん》で…！

すごーい!!
わたしも…本《ほん》の話《はな》したかったんだ
!
ヒョコッ
もう…わたしがいにゃくても親友《しんゆう》ができそうね
こねこがゲンキになったら遊《あそ》びにきて!
いくいく!!
コテ…ー
お空《そら》から見守《みまも》ってるからね茉麻《まあさ》ちゃん

第《だい》18話《わ》

読《どく》書《しょ》犬《けん》のアポロ

小《しょう》3の新《あらた》は、国語《こくご》の時間《じかん》の音読《おんどく》が大《だい》の苦手《にがて》で…。

それでは
25ページの5行目《ぎょうめ》から
次《つぎ》の段落《だんらく》まで読《よ》んで
もらいましょう
どき
どき
若林《わかばやし》 新《あらた》
小学《しょうがく》3年生《ねんせい》
では
若林《わかばやし》さん
うわ
当《あ》たっちゃった…!

ガタッ
…はい
読《よ》み間《ま》違《ちが》ったら
どうしよう…
声《こえ》が裏返《うらがえ》ったら
かっこ悪《わる》い
みんなに見《み》られて
はずかしい…！
「ぼ…ぼくたちは」
「がっ」
「が…学校《がっこう》まで…みんなで…
は…走《はし》りました…そ…そして」
ボソ
〜〜〜〜〜
ボソ…

ストン！
お終《お》わった！
はい
ありがとう
次《つぎ》はもっと
大《おお》きな声《こえ》で
がんばって
みましょう
かぁ〜〜っ
ドキ
ドキ
ドキ
ざわ
ざわ
ふう…
今度《こんど》はいつ
当《あ》てられ
ちゃうんだろ
音読《おんどく》いやだな…
ねえ

新《あらた》の音読《おんどく》って
なんであんなに
早口《はやくち》なの？
大樹《だいき》くん
もっと大《おお》きな声《こえ》で
読《よ》まないと
後《うし》ろの席《せき》まで
聞《き》こえないよ？
え…
……
おーい
大樹《だいき》
なにー？
ちゃんと
読《よ》んだのに…
若林
おかえり

あれ どうしたの？
…なんでもない
ふぅっ
明日《あした》も国語《こくご》がある…
時間わり 3年2
	月	火	水	木
1	国語	社会	算数	理科
2	算数	理科	国語	算数
3	理科	国語	社会	体育
4	体育	図工	理科	学活
5	音楽	図工	外国語	書写
6			道とく	
また当《あ》てられたら どうしよう
うまく読《よ》める わけないのに…
きっとみんな ぼくの読《よ》み方《かた》 へんって 思《おも》ってるんだ
翌朝《よくあさ》
新《あらた》〜
学校《がっこう》 おくれるよ
…… 行《い》きたくない

具合《ぐあい》悪《わる》いの？ 友《とも》だちとケンカした？
ううん
きっと お母《かあ》さんに言《い》っても わかってもらえない…
そんなこと気《き》にしてないで授業《じゅぎょう》受《う》けなさい
って言《い》われるに決《き》まってる
…わかった 休《やす》んでもいいけど 今日《きょう》だけね
でも ほかのお友《とも》だちは学校《がっこう》で勉強《べんきょう》してるんだから 新《あら》もなにかしないと…
そうだ 図書館《としょかん》に行《い》ってみるのはどう？
図書館《としょかん》…？
図書館《としょかん》なら クラスのみんなに会《あ》うこともないし まんがとかも読《よ》めるし…
うん

図書館《としょかん》
ん？
へー
"読書犬《どくしょけん》"だって！
犬《いぬ》といっしょに本《ほん》をよみませんか？
読書犬《どくしょけん》 がくるよ！
イベントスペースにて
1回目 10：00～
2回目 14：00～
参加《さんか》して みようよ きっと かわいいよ
でも… 犬《いぬ》なんて さわったこと ないし
いいから いいから
わい わい
ぼくより 小《ちい》さい子《こ》ばっかりだな
ハッ ハッ

こんにちは 今日《きょう》は参加《さんか》してくれてありがとう！
まずは読書犬《どくしょけん》の3匹《びき》を紹介《しょうかい》するね
このコがルナ
スカイ
それからアポロ
このコたちは読書犬《どくしょけん》といってみんなのお話《はなし》を聞《き》くのが大好《だいす》きなんだよ
今日《きょう》はみんなが絵本《えほん》を読《よ》んで聞《き》かせてあげてね
はーい！

それじゃあ3匹《びき》のなかから絵本《えほん》を読《よ》んであげたいコを選《えら》んでね
ほらもっと近《ちか》くで犬《いぬ》たちを見《み》てみて
さわってみてもいいよ
わっ!
かわいいい〜
きゃっ
きゃっ
わあ!お手《て》した!
さわってみない?
…かんだりしない?
大丈夫《だいじょうぶ》だよ
そっ…

ぐっ
アポロから
ぼくの方《ほう》に来《き》てくれた
フン
フン
ふわふわだ…
犬《いぬ》ってこんなに
かわいいんだ…！
みんな
どのコにするか
決《き》まったかな？
そろそろこのコたちに
本《ほん》を読《よ》んであげましょう

じゃあ　次《つぎ》は新《あらた》くんね
ドキッ
……
どうしたの？
…うまく読《よ》めないかも
上手《じょうず》じゃなくてもいいんだよ
アポロはお話《はなし》を楽《たの》しみにしてるから
わかりやすいようにゆっくり　はっきりと読《よ》んであげて
ハッ
ハッ

「あ…ある日《ひ》」
えっと…
ちらっ
じっ
ぼくの声《こえ》を聞《き》いてくれてる
ふわふわ
もっとゆっくり読《よ》んだ方《ほう》がアポロも聞《き》きやすいのかな？
気持《きも》ちをこめて読《よ》んだら楽《たの》しんでくれるかな？
「み…みんなは…こ…の野原《のはら》でお昼寝《ひるね》す…することに…しました…」
「あたたかい…か…風《かぜ》がふいて…とってもいい気持《きも》ちです…」

今日《きょう》はありがとう！楽《たの》しんでくれたかな
はーい！
もうアポロとお別《わか》れなんだ…
もっといっしょにいたいのに
スッ

はい
これどうぞ
新《あらた》くんのおはなし
楽《たの》しかったよ
アポロ
アポロ！
ワフ！
ありがとう！
ぼくも
楽《たの》しかったよ

国語《こくご》の時間《じかん》
また音読《おんどく》だ
そろそろ当《あ》たっちゃうかも
では次《つぎ》の段落《だんらく》を
若林《わかばやし》さん
読《よ》んでください
ドキッ
は…はいっ
ガタッ
新《あらた》くんのおはなし
楽《たの》しかったよ
アポロ
アポロ…
あれ？
あんまり
ドキドキ
しない

アポロに読《よ》んであげたみたいに…
「…それを聞《き》いてみんなは…」
「あたたかい気持《きも》ちに…なりました」
はい！ありがとうすごく上手《じょうず》に読《よ》めていましたね
おれもそう思《おも》いまーす！

第《だい》19話《わ》

ここねこの家《いえ》

パパとママが大好《だいす》きな〝こねこ〟のニイだけど…。

いちばんあんしんする
ばしょでねむる
ゴロ
ゴロ
ゴロ
ゴロ…
しあわせ～～
ぐんにゃり
ニイちゃんは
世界一《せかいいち》
かわいいね
わー
カメラ
カメラ
ずうっと
こうして
くらしてきたから…
ぼくは
おもいもしなかった
とつぜん
ママが
いなくなって
ママは
入院《にゅういん》
したんだよ
?
ひし…
ただいまー
ようやく
かえってきたと
おもったら…

へんなねこをつれてくるなんて……
だれ……？
なんだあいつ
ぼくは〝こねこ〟なのに
こねこのぼくより
ちいちゃいぞ
ママとパパは
ねこ
ぼくはママとパパの
こどもだから
こねこ
こねこより
こども？な
ねこは……
こどものおとな
???
〝ここねこ〟
め……
ウ〜
ここはぼくの
いえだぞ〜〜……
ウ〜

オギャー!
びっくぅ
ぎゃー!!!
オギャーオギャーオギャ~~
あれってここねこのなきごえ?
びっくりしたよお…
こわかったよお
みゅ~
ママ~~!!
パパ~~!!
ミャーミャーミャー
ニイちゃ~ん
よしよしだいじょうぶだよ~
ドタドタバタ
ミルクミルク~
あれ?
みてくださ~い
バリバリ
ぼくがつめとぎしてま~す!
チラ…
つくえのものおとしてま~す!
チラ!!

…ホギャア
オギャアー
せんたく せんたく
ママ… パパ…？
ヴアー〜ン
ぼくが… よんでるよ？
オギャ〜
ホギャ〜
かわいい〜♡
ぴく!!
は〜い!! は〜い!!
よんだ よんだ よんだ!?
かわいい かわいい
大好《だいす》き だよ〜〜
ここねこなんか きらい

だって
そこは
ぼくのばしょ
なのに……
ホギャア
オギャア
ホギャーっっ
バタ
バタ
ニイちゃーん
ごはん置《お》いとくね！
バタバタバタバタ…
NI-
むねが
くるしくて
ごはん……
たべられない
ママが
かえってきたら
いっぱい
あそんだり
いっぱい
あまえたいって
おもってた
ぜんぶ
もとどおりに
なるんだって
おもってた…
でも…

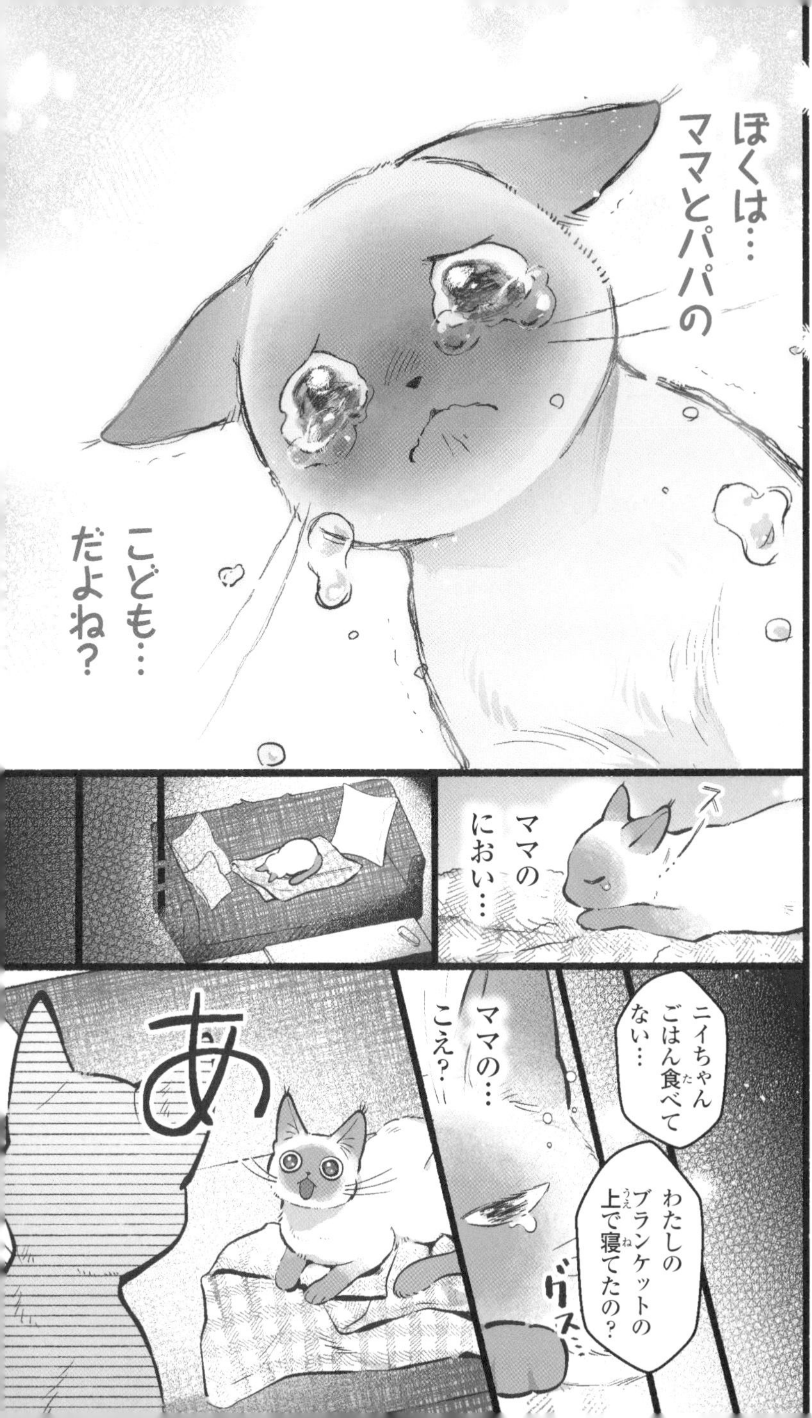
ぼくは…
ママとパパの
こども…
だよね？
ス…
ママの
におい…
ニイちゃん
ごはん食《た》べて
ない…
わたしの
ブランケットの
上《うえ》で寝《ね》てたの？
グスッ
ママの…
こえ？
あ

ママ!!
ニイちゃん!!
スリ スリ
ゴロゴロゴロゴロ
ママだあ… ママだあ…
ごめんね… ニイちゃん
ポロ…
赤《あか》ちゃんのお世話《せわ》はパパと交代《こうたい》してきた
まかせて!!
ママがぼくをみてくれてる…
ニイちゃんにさみしい思《おも》いをさせないようにしたかったのに いっぱいいっぱいで…
ぼくにはなしかけてる!!
うわーい
ゴロゴロゴロ
赤《あか》ちゃんはね… 自分《じぶん》でごはんを食《た》べたりトイレをしたりできないし 朝《あさ》も夜《よる》もまだ知《し》らないんだ
だから… パパとママはたくさんの時間《じかん》をかけてお世話《せわ》するんだよ
ニイちゃんといっしょにいられる時間《じかん》が減《へ》っちゃうかもだけど…

でも　どうか
伝《つた》わってほしい
愛《あい》する家族《かぞく》が
増《ふ》えたぶんだけ
ニイちゃんと過《す》ごす
時間《じかん》が減《へ》ったとしても
あなたのことを
大好《だいす》きな気持《きも》ちは
変《か》わらないってことを
……なんて
言葉《ことば》で言《い》っても
伝《つた》わらないね
わたしたちは
あなたの家族《かぞく》として
できるかぎり
さみしくないように…
するか…ら…
かく…
ママがはなして
いることは
ほとんど
わからなかったけど
ふみ…
ふみ…
いちばん
いってほしかった
ことばがきこえた

ぼくも
だいすきだよ
ぼくの…
たったひとりのママ
ぼくは
こねこの
ニイ
そ〜
ぴょっ
くるっ
ママとパパは
ぼくのだけど…
ふたりが
ぼくのこと
だいすきって
しってるから
ここねこに
すこしだけ
かしてあげる
ニコッ

ここねこは
へんなねこ
オギャー
すぐ
おおさわぎするし
ニャ…
ニャ〜!!
ぼくのまね
してくるし…
きゅうに
おおきくなるし
スック
ギャー
カメラ
カメラ
ニイちゃん
あそぼー!
はっし
あ
あそぶの
だいすきすぎだし!!
ニャー!!
でも
ふ…
ここねこと
あそぶのは

ちょっとだけ
たのしい
つつつ
ぼくの
こねこのまほう
あげないよ
あそぼ
チラ
ウワ〜ン
あそぼ
ぼくも
こぶ!!
カミナリ
こわい〜
ニイちゃん
おやつだよ〜
おやつ
にゃ〜〜〜

ぼくの
ぼくをまくらにするのはダメッ!!
シャー
ゴメン…
ここねこがおうちに来《き》てから
9年後《ねんご》――
ママ　パパ　知《し》ってる?

猫《ねこ》って人間《にんげん》のこと〝大《おお》きな猫《ねこ》〟に見《み》えてるんだって!!
心々音《ここね》 9歳《さい》
だれから聞《き》いたの？心々音《ここね》
友《とも》だち！
ねえニイちゃん わたしは どんな猫《ねこ》に 見《み》えてる？
こんなかんじ？
……
…最近《さいきん》 ニイちゃん 寝《ね》てばかりだね？
ニイ 12歳《さい》
もう おじいちゃん だからね
いくつになっても 世界一《せかいいち》かわいい〝うちの子《こ》〟だけど
……
ねえ… ニイちゃん
ずーっと元気《げんき》で 長生《ながい》きしてね

大好《だいす》きだよ
見《み》える世界《せかい》が
ちがっても
言葉《ことば》が全部《ぜんぶ》
通《つう》じなくても
ニイ!!!
時々《ときどき》 心《こころ》が
通《つう》じる気《き》がする

それはきっと
ささやかで
大《おお》きな奇跡《きせき》
……
ぼくは
こねこのニィ
パパとママの
こどもだから
ずーっと〝こねこ〟
ここねこは
ぼくより
おおきいねこに
なったけど…
ぼくの
イモウトだから
ずっとここねこ
ぼくたちかぞくは
ずーっといっしょ
ずっと……

きっと見《み》つけるよ〜
中学《ちゅうがく》1年《ねん》の夏休《なつやす》み
大切《たいせつ》な宝物《たからもの》〜
わたしは見《み》つけた

第《だい》20話

見《み》つけた

中《ちゅう》1の静奈《せいな》は、自分《じぶん》を〝ひとりぼっち〟だと感《かん》じていて…。

わたしは 河田静奈《かわたせいな》
わたしには 友《とも》だちがいない
本《ほん》だけが 友《とも》だち…かな？
夏休《なつやす》み ひさびさに おばあちゃんちでも 行《い》くか？
海《うみ》がきれい なんだよね〜
よく来《き》たねえ 静奈《せいな》ちゃん
散歩《さんぽ》にでも 行《い》っといで
海《うみ》はあまり 好《す》きじゃない…

だって　なんだか
まぶしすぎる
んだもん…
ザッ
ザッ
ええっ!?
ザッ
ワン!
ワンちゃんって
穴《あな》ほりするの!?
ふふっ
波《なみ》打《う》つ〜
防波堤《ぼうはてい》〜

たしかに
わたしを～みだした～
潮風《しおかぜ》が～
ほおを～なで～
歌《うた》うまっ!
そう?
ありがと
わたし
あかり
そのコ
あなたの犬《いぬ》?
え?
ちっちがう…
そうなの?
かわいいよね
…静奈《せいな》

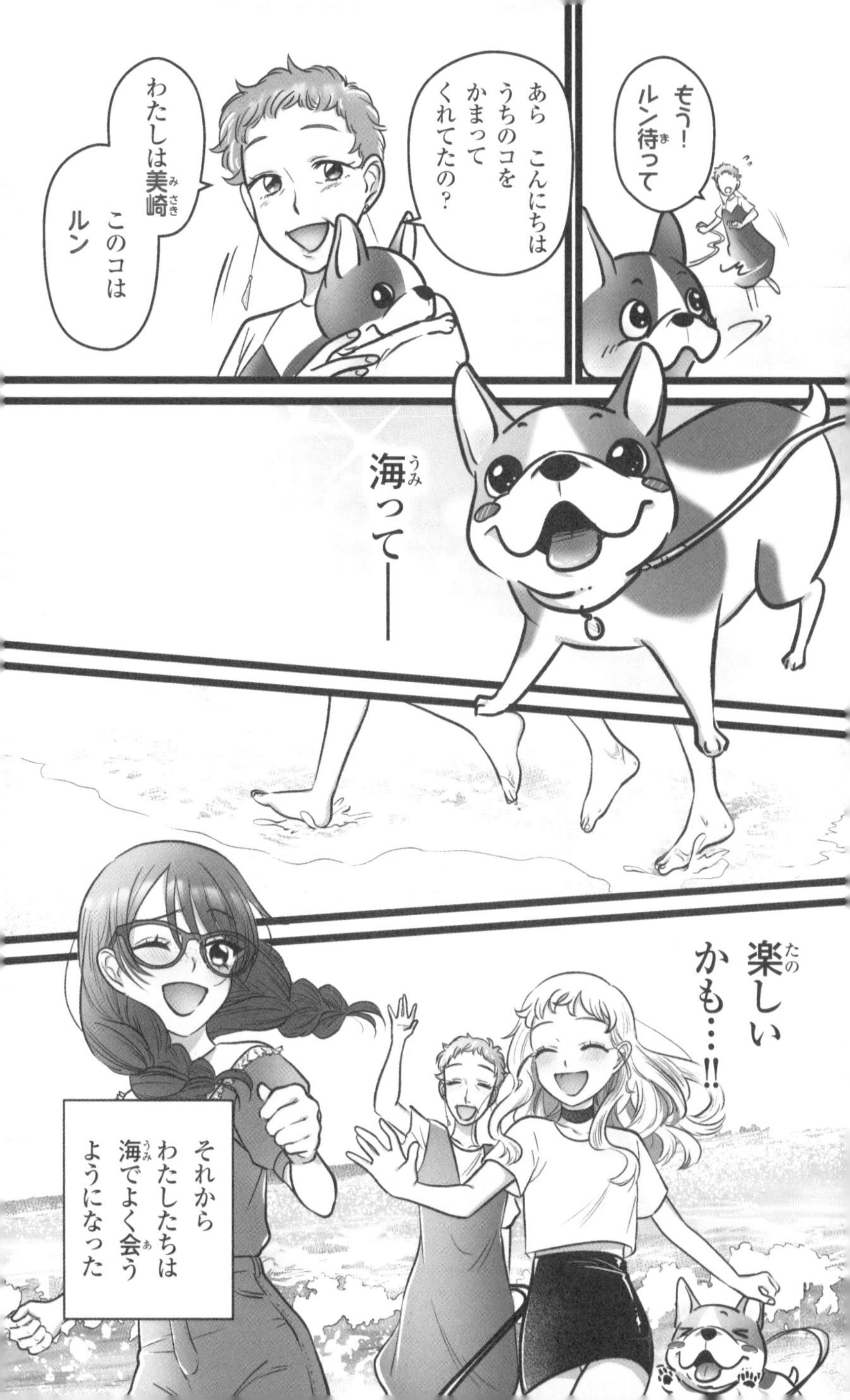

もう！ルン待《ま》って
あら　こんにちは　うちのコをかまってくれてたの？
わたしは美崎《みさき》　このコはルン
海《うみ》って――
楽《たの》しいかも…!!
それから　わたしたちは　海《うみ》でよく会《あ》う　ようになった

…わたし 物語《ものがたり》を書《か》きたいんだ
へー！小説《しょうせつ》とか？
じゃあさルンちゃん… 〝ホリホリ犬《けん》〟を主人公《しゅじんこう》にしたら？
ホリホリ犬《けん》を…？
…ホリホリ犬《けん》はママとはなればなれになっちゃうけど
どうしてもママに会《あ》いたくて毎日《まいにち》夢中《むちゅう》で穴《あな》をほる！
ほり続《つづ》けてほり続《つづ》けて…いつか
地球《ちきゅう》の裏側《うらがわ》のママに会《あ》えると信《しん》じて…！
…なーんてへっへんだよね！
すごい!!
ね！それ映画《えいが》とかになったらさ…
主題歌《しゅだいか》わたしに歌《うた》わせて！
うん約束《やくそく》!!

ワン！
わっ!?
わたしのサンダル!?
ダッ
返《かえ》して〜ルン！
あっとまった！
もう〜ルン！いたずらしてって…あれ？
わあ〜っ
えっここって美崎《みさき》さんのお店《みせ》なの!?
あらいらっしゃい
わあっきれい！
海《うみ》に落《お》ちたガラスが岩《いわ》や砂《すな》でみがかれたものだよ
〝シーグラス〟っていうの
宝石《ほうせき》みたい！

すごいよね
海《うみ》に流《なが》れつく ゴミでこんなの つくれちゃうなんて
海《うみ》でみがかれる だけで こんな 宝石《ほうせき》みたいに…
つい 買《か》っちゃっ たね～
はじめての おそろい…!
ふたりでおそろい なんてどう?
静奈《せいな》の 考《かん》えたお話《はなし》 楽《たの》しみにしてる!
うん あかりの 歌《うた》もね!
いつか本当《ほんとう》に あかりといっしょに 物語《ものがたり》が つくれますように
あっ
また あかりの 連絡先《れんらくさき》聞《き》くの 忘《わす》れた…
また今度《こんど》でいっか…
だけど…あかりと 会《あ》えないまま 夏《なつ》は終《お》わってしまった

わたしはふだんの
生活《せいかつ》にもどっていた
ふふっ
休《やす》みのたび
あの海《うみ》に
行《い》ってしまう
でも…
あれから
一度《いちど》も――
あかりとルンに
会《あ》えなかった

きっと…
今度《こんど》こそ…
……
連絡先《れんらくさき》
聞《き》いとけば
よかった…
…あれ？
あれ？
ない!!
わたしの
チャームが
ないっ…!!
やっぱり
わたしは
ひとりぼっち
なんだ…

次《つぎ》の連休《れんきゅう》にビーチクリーンイベントが開催《かいさい》されます
縁《えにし》の浜《はま》から中継《ちゅうけい》です
こちらはビーチのマスコット
ルンちゃんでーす！
ルンちゃん⁉
静奈《せいな》ちゃん！
美崎《みさき》さん！ルンちゃんも！
全然《ぜんぜん》会《あ》えなくってわたし…わたしっ
ごめんね
あちこちでビーチクリーンイベントをやっていたの

うかない顔《かお》だね
なにか心配《しんぱい》ごと？
キョロキョロ
フン フン
…あれから あかりに会《あ》えないんです それに…
わたし…チャーム なくしちゃって…！
大切《たいせつ》に してたのに！
…そう
でも 静奈《せいな》ちゃんと わたしたちは また会《あ》えたじゃない
ひょっとしたら チャームも 見《み》つかるかもよ？ 奇跡的《きせきてき》にね
ザッ ザッ ザッ

ワン！ワン！
どうしたの？ ルン 砂《すな》まみれになっちゃって…
わたしのチャームだ!!
まあ…！
今《いま》の動画《どうが》撮《と》ってました！
それ美崎《みさき》さんのアカウントでアップしよう！
フォロワー多《おお》いし!!
いいね それ！
ルンのホリホリ日和
1535人 フォロー
250.7万人 フォロワー
ルンの動画《どうが》はまたたく間《ま》に広《ひろ》がっていった

United States of America
ル のホリホリ日和
トッ
72.793.060

トンッ
あら？これって
うん
見《み》つけた
そして
縁《えにし》の浜《はま》にまた夏《なつ》がやってきた
あかりっ
静奈《せいな》！
ホリホリ犬《けん》とママの物語《ものがたり》──
もう結末《けつまつ》は決《き》めてある

そう
ハッピーエンド…!!
きっと〜
ふたりの〜
出会《であ》いは〜
奇跡《きせき》だね
ヘーッ!!

第《だい》21話《わ》

くーたん、ありがとう ~ピーちゃんがペコになった日《ひ》~

姉妹《しまい》で大切《たいせつ》に飼《か》っていたオカメインコの〝くーたん〟が…。

ポッポポッポー　ハトポッポー♪

となりの部屋《へや》から、おかしな歌《うた》が聞《き》こえてきた。

「**菜々**《なな》ったら、また**くーたん**と歌《うた》ってるよ」

莉々《りり》は思《おも》わずふきだした。姉《あね》の菜々《なな》の歌《うた》を、愛嬌《あいきょう》のある声《こえ》が輪唱《りんしょう》のように追《お》いかける。

声《こえ》の主《ぬし》は、10歳《さい》になるオカメインコ、くーたん。

くーたんは、菜々《なな》にいちばんなついていて、ケージに入《はい》っていないときは、たいてい菜々《なな》の肩《かた》の上《うえ》にいる。菜々《なな》が宿題《しゅくだい》をやっているときも、まるで見《み》てあげているみたいに、

首《くび》をかしげてのぞきこんでいたりする。
5年生《ねんせい》の莉々《りり》と、中学《ちゅうがく》1年生《ねんせい》の菜々《なな》は、しょっちゅうケンカをするけれど、菜々《なな》はくーたんがなにをしたって怒《おこ》らない。莉々《りり》が菜々《なな》のまんがを勝手《かって》に読《よ》むと文句《もんく》を言《い》うくせに、くーたんがページをかじってボロボロにしたってゆるしちゃうんだから。
もちろん莉々《りり》だってくーたんをかわいがっている。もっといっしょに遊《あそ》びたい。菜々《なな》がいないときはくーたんと遊《あそ》ぶ絶好《ぜっこう》のチャンスだ。
「今日《きょう》は菜々《なな》は部活《ぶかつ》だって。いっぱい遊《あそ》ぼうね、くーたん」
菜々《なな》だと迷《まよ》わず飛《と》んでくるくせに、莉々《りり》が呼《よ》んだときには**(どうしようっかなー)**というように首《くび》をかしげてから、**(ま、行《い》ってあげますか)**という感《かん》じでチョコチョコ近《ちか》づいてくるのがちょっぴりくやしい。
でも、今日《きょう》はごきげんみたい。おもちゃで綱引《つなひ》きをしたり、手《て》を階段《かいだん》のようにのぼったりして、いっしょに遊《あそ》んでくれる。
「やったー、くーたんひとりじめ！」

と、思《おも》ったそのとき、いきなり菜々《なな》が帰《かえ》ってきた。

「ただいまー」

ピッ！

くーたんは一声鳴《ひとこえな》いて、さっさと莉々《りり》のそばから飛《と》んでいった。

「もうー、菜々《なな》、今日《きょう》は部活《ぶかつ》の日《ひ》だよね。なんでこんなに早《はや》く帰《かえ》ってくるの」

「中学生《ちゅうがくせい》にはテスト期間《きかん》ってものがあるんですー」

えらそうに言《い》われるのもしゃくにさわるけど、くーたんときたら、全身《ぜんしん》うれしさのカタマリみたいになって、頭《あたま》をふりながら近寄《ちかよ》って、さっそくなでなでしてもらっている。莉々《りり》にはけっして見《み》せない態度《たいど》だ。かわいいけど、かわいくないい〜！

「ひどいよ、くーたん。今《いま》まで楽《たの》しく遊《あそ》んでたのにー。全然《ぜんぜん》あつかいがちがうじゃん」

「くーたんが決《き》めることだもん。ねー。しょうがないじゃん」
「菜々《なな》、たまには遠慮《えんりょ》してよ。わたしだってくーたんと遊《あそ》びタイムほしいんだから」
「はいっ、ふたりとも、そこまで～」
あやうくケンカになりそうなところに、お母《かあ》さんが帰《かえ》ってきた。眼《め》の前《まえ》にどーんと置《お》かれたのは、まだあったかい紙包《かみづつ》み。
「やったー、ふっくら庵《あん》のたいやきだあ」
「食《た》べ物《もの》できげんが直《なお》るんだから、まだまだオコサマだね！」
にくまれ口《ぐち》をたたいてるくせに、そういう菜々《なな》も、さっさと手《て》をのばしている。

くーたんをめぐって、ケンカしたり仲直《なかなお》りしたり。そんな平和《へいわ》な日々《ひび》が、いつまでも続《つづ》くと思《おも》っていたのに……。

〝もうすぐ雨《あめ》が降《ふ》ってくるみたい。もしだれか先《さき》に帰《かえ》ってたら、洗濯物《せんたくもの》とりこんで！〟
お母《かあ》さんから家族《かぞく》のＳＮＳ《エスエヌエス》にグループメッセージが届《とど》いた。

「はいはい。っていうか、わたししかいないし」

タブレットを開《ひら》いていた莉々《りり》は、くーたんがケージに入《はい》っていることを確認《かくにん》してから、ベランダの窓《まど》を開《あ》けた。いつの間《ま》にか空《そら》は鉛色《なまりいろ》の雲《くも》におおわれている。

「へんな空《そら》。雷《かみなり》、鳴《な》らないといいなあ」

急《いそ》いで洗濯物《せんたくもの》を入《い》れ、窓《まど》を閉《し》めてカーテンを引《ひ》いたとき、菜々《なな》が帰《かえ》ってきた。

「ただいまー。雨《あめ》が降《ふ》る前《まえ》でよかったあ。カサ持《も》っていかなかったから。あ、莉々《りり》、洗《せん》濯物《たくもの》入《い》れてくれたんだ。サンキュ」

ポッポポッポー♪

菜々《なな》の声《こえ》を聞《き》いて、くーたんがごきげんで歌《うた》いだした。

「はいはい、今《いま》、手《て》を洗《あら》ってくるからね」

「冷蔵庫《れいぞうこ》にシャインマスカットが入《はい》ってるよ。お母《かあ》さんが、食《た》べてもいいって」

「えっ、豪華《ごうか》〜。くーたんにもあげるね。あ、塾《じゅく》の宿題《しゅくだい》やらないと」

菜々《なな》は、食卓《しょくたく》のテーブルにノートを広《ひろ》げた。ケージから出《だ》してもらったくーたんは、さっそく菜々《なな》の肩《かた》にとまる。いつもの見《み》なれた風景《ふうけい》だ。莉々《りり》はそんなふたりを見《み》ながら、なんだかほっこりしていた。

中学生《ちゅうがくせい》ってけっこうストレスがあるらしく、このごろの菜々《なな》は時々《ときどき》イライラしている。でも、くーたんはどんなときもうれしそうに菜々《なな》の肩《かた》にとまって、菜々《なな》を笑顔《えがお》にしてくれているのだ。くーたん効果《こうか》、本当《ほんとう》にすごい。

「えーと、英語《えいご》のテキスト、どこだっけ」

菜々《なな》はくーたんを肩《かた》に乗《の》せたまま、リビングのとなりの自分《じぶん》の部屋《へや》のドアを開《あ》けた。

すると、そのとき、

ゴロゴロゴロ　ドシーン！

いつの間《ま》に近《ちか》くに来《き》ていたのだろう。不意打《ふいう》ちのように、近《ちか》くで雷《かみなり》が落《お》ちる音《おと》がした。

雷《かみなり》のきらいな莉々《りり》が、思《おも》わず身《み》をすくめたとき、バシッとにぶい音《おと》が聞《き》こえた気《き》がした。

「キャーッ、くーたん、くーたん！」

あわてて声《こえ》の方《ほう》を見《み》ると菜々《なな》が床《ゆか》にうずくまっている。

「どうしよう、どうしよう、窓《まど》に激突《げきとつ》して……」

くーたんがまちがえてぶつからないように、ケージから出《だ》すときには必《かなら》ず窓《まど》のカーテンを閉《し》めるのが家族《かぞく》の決《き》まりだが、菜々《なな》の部屋《へや》のカーテンは半分《はんぶん》開《あ》けっ放《ぱな》しになっていた。突然《とつぜん》の音《おと》におどろいたくーたんは、パニックになって飛《と》びだして、窓《まど》にぶつかってしまったのだった。菜々《なな》の手《て》の中《なか》には、ぐったりと目《め》を閉《と》じているくーたんがいた。

そこへ、お母《かあ》さんが帰《かえ》ってきた。お母《かあ》さんは菜々《なな》とくーたんの様子《ようす》を見《み》て、すぐに状況《じょうきょう》を察《さっ》してくれた。

「病院《びょういん》に連《つ》れていこう。くーたん、気《き》を失《うしな》っているだけかもしれない」

小鳥《ことり》専門《せんもん》の動物病院《どうぶつびょういん》の先生《せんせい》は、すぐにみてくれた。そのころには、くーたんは目《め》を覚《さ》まして、菜々《なな》の指《ゆび》にとまれるようになっていた。

「レントゲンでは異常《いじょう》は見《み》つからなかったけど、小鳥《ことり》は急変《きゅうへん》することがあるから。しばらく気《き》をつけて様子《ようす》を見《み》てあげてね」

翌日《よくじつ》、くーたんは元気《げんき》をとりもどしたように見《み》えた。菜々《なな》が声《こえ》をかけると、いつものように鳴《な》いて、いつもより少《すく》なめだけど、エサも食《た》べてくれた。**でも……それから数日《すうじつ》後《ご》、くーたんは突然《とつぜん》様子《ようす》がおかしくなり、菜々《なな》の手《て》の中《なか》で亡《な》くなってしまった。**

「わたしがカーテンを開《あ》けっ放《ぱな》しにしてたせいだ。肩《かた》に乗《の》せたまま自分《じぶん》の部屋《へや》に行《い》ったりしたのがいけないの。わたしがくーたんを死《し》なせちゃった」

菜々《なな》は3日間《かかん》学校《がっこう》を休《やす》んだ。くーたんのことを思《おも》い出《だ》して泣《な》いてばかりいた。莉々《りり》も、そんな菜々《なな》にどう言葉《ことば》をかけていいかわからない。

「くーたんは、突然《とつぜん》の音《おと》でパニックになったの。菜々《なな》が悪《わる》いわけじゃないよ」

お母《かあ》さんやお父《とう》さんがどんなになぐさめてもだめだった。家族《かぞく》みんなでくーたんに愛《あい》情《じょう》をそそいでいたのに、とうとうインコという言葉《ことば》すら禁句《きんく》になってしまった。

それから半年《はんとし》ほどたって、ようやく落《お》ち着《つ》いてきたある日曜日《にちようび》のこと。家《いえ》の電話《でんわ》が鳴《な》った。さえ子《こ》おばさんからだった。なんだかすごくあわてている。

「あ、莉々《りり》ちゃん？　あのね、莉々《りり》ちゃんたちの部屋《へや》のベランダに、くーたんがいるみたいなんだけど……。いいから、早《はや》く見《み》てみて」

さえ子《こ》おばさんはお母《かあ》さんの妹《いもうと》で、公園《こうえん》をはさんで向《む》かい側《がわ》のマンションに住《す》んでいる。同《おな》じ4階《かい》どうしで、おばさんの家《いえ》の窓《まど》から、莉々《りり》の家《いえ》のベランダが見《み》えるのだ。

「えっ、そんなわけないよ。なに言《い》ってるの、さえ子《こ》おば……」

そう言《い》いながら窓《まど》の外《そと》を見《み》て、莉々《りり》は思《おも》わずさけんでしまった。

「えっ、うそ！　だれかこっち来《き》て！　早《はや》く！」

なんと1羽《わ》のオカメインコが物干《ものほ》しにとまって、**ピィーピィー**鳴《な》いている。右《みぎ》へ左《ひだり》へパタパタ移動《いどう》しながら、部屋《へや》の中《なか》をのぞきこんでいるではないか。

「うそっ。なに？　どうしたの、このコ」

菜々《なな》が思《おも》わず窓《まど》を開《あ》けると、インコは当《あ》たり前《まえ》のように家《いえ》の中《なか》に飛《と》びこんできた。

「わーっ、かわいい～！」

「えっ、勝手《かって》に入《はい》ってきたの？」

お父《とう》さんもお母《かあ》さんも、びっくりして顔《かお》を見合《みあ》わせた。

もちろんくーたんではない。でも、ずっとせきとめていた気持《きも》ちがもどってきて、家族全員《かぞくぜんいん》、ひさしぶりのオカメインコに大《おお》はしゃぎしてしまった。

「人《ひと》になれてるみたいだね」

「どこかで飼《か》い主《ぬし》さんが心配《しんぱい》しているかも」

くーたんが使《つか》っていたケージにそのコを入《い》れ、莉々《りり》と菜々《なな》は、お父《とう》さんといっしょに近所《きんじょ》の交番《こうばん》に行《い》って拾得物《しゅうとくぶつ》の届《とど》け出《で》をした。

「3か月《げつ》たって飼《か》い主《ぬし》さんが見《み》つからなければ、ひろった方《かた》の所有物《しょゆうぶつ》になります。その間《あいだ》、警察《けいさつ》で保護《ほご》することもできますが、どうされますか？」

「それまではうちであずかります。前《まえ》にインコを飼《か》っていたことがありますから」

そのあと、3人《にん》は、そのまま動物病院《どうぶつびょういん》に連《つ》れていった。

「性別《せいべつ》はちょっとわからないけど、生後半年《せいごはんとし》くらいかな。悪《わる》いところはなさそうだね」

「よかったあ。とりあえず、元気《げんき》なコなんだ」

家《いえ》にもどってしばらくすると、そのコは突然《とつぜん》こんな言葉《ことば》をしゃべった。

ピーチャン　ピーチャン

「声《こえ》、低《ひく》っ」

4人《にん》は思《おも》わず同時《どうじ》に言《い》った。

「聞《き》いた？　おじさんみたいな声《こえ》だったよね！」

「きっと、**ピーちゃん**って名前《なまえ》なんだよ」
「うちでも、手《て》がかりを探《さが》そうよ」
迷《まよ》いインコのはり紙《がみ》のほかにも、SNS《エスエヌエス》や、迷《まよ》い鳥《どり》を探《さが》す掲示板《けいじばん》やブログなど、情報《じょうほう》をのせる手立《てだ》てはいくつかある。その日《ひ》のうちに、家族《かぞく》で手分《てわ》けして飼《か》い主《ぬし》を探《さが》しはじめた。
何日《なんにち》かたつうちに、少《すこ》しずつピーちゃんの過去《かこ》が想像《そうぞう》できるようになってきた。
「ピーちゃんは？　あっ、またお父《とう》さんのとこにいる」
くーたんにはとうとう一度《いちど》も肩《かた》に乗《の》ってもらえなかったのに、ピーちゃんは最初《さいしょ》からお父《とう》さんの肩《かた》にとまって離《はな》れない。それどころか、菜々《なな》や莉々《りり》やお母《かあ》さんがうかつに手《て》をさしだすと、思《おも》い切《き》りかみつく。
「イテテ、血《ち》が出《で》た〜」
「ピーちゃん、男《おとこ》の人《ひと》の方《ほう》が好《す》きなんだね」
「いやー、うれしいなあ。インコを肩《かた》に乗《の》せるの、夢《ゆめ》だったんだよねー」

お父《とう》さんは、まんざらでもなさそうだ。
インコは、オスの方《ほう》がおしゃべりが上手《じょうず》なので、ピーちゃんはおそらくオスだと思《おも》われた。あるときは、

「ハーックショイ！」

と、クシャミのまね。それも、あきらかに男《おとこ》の人《ひと》の声《こえ》で。
ゴクッ、ゴクッとビールをおいしそうに飲《の》んでいるような声《こえ》を出《だ》したときは、家族《かぞく》で顔《かお》を見合《みあ》わせて爆笑《ばくしょう》した。

「ピコーン！」

と、電子音《でんしおん》がしたと思《おも》ったらピーちゃんで、お母《かあ》さんは、思《おも》わずハッとした。
「今《いま》の、むかーし持《も》ってた古《ふる》いゲーム機《き》の音《おと》だよ！　なつかしい〜」
そのほかにも、お父《とう》さんの厚手《あつで》の湯《ゆ》のみ茶碗《ぢゃわん》から水《みず》を飲《の》みたがったり、演歌《えんか》のフレーズを口笛《くちぶえ》のような音《おと》で歌《うた》ったり……。そんなこんなから、ピーちゃんの飼《か》い主《ぬし》は、
〝莉々《りり》たちのお父《とう》さんとお母《かあ》さんよりも年上《としうえ》の男《おとこ》の人《ひと》。おじいさんに近《ちか》いおじさん〟で

はないかというのが、家族《かぞく》の推理《すいり》となった。
飼《か》い主探《ぬしさが》しの情報《じょうほう》には、ピーちゃんのような若《わか》いインコを探《さが》している人《ひと》からの問《と》い合《あ》わせは1件《けん》もなかった。もしかすると、ピーちゃんの飼《か》い主《ぬし》さんには、インターネットを使《つか》う習慣《しゅうかん》もないのかもしれない。はり紙《がみ》にも反応《はんのう》はなかった。
ピーちゃんが家《いえ》に来《き》てから、莉々《りり》はノートに**ピーちゃん日記《にっき》**をつけている。新《あたら》しい発見《はっけん》をするたびに、家族《かぞく》のなかにピーちゃんの飼《か》い主《ぬし》さんのイメージができていった。
（ずっとふれないようにしてたけど、インコの話《はなし》がまたできるようになってよかった。菜々《なな》がピーちゃんを見《み》て笑顔《えがお》になってるのが、いちばんうれしい！）
莉々《りり》は、菜々《なな》の横顔《よこがお》を見《み》ながらそう思《おも》った。
「ピーちゃんを、早《はや》く飼《か》い主《ぬし》さんのところに返《かえ》してあげたいね」

莉々《りり》たちの努力《どりょく》もむなしく、なんの手《て》がかりもないまま、ついに3か月目《げつめ》がやってきた。

「とうとう、3か月《げつ》たっちゃったね」

「これから、どうしたい？　菜々《なな》」

「どうするって、決《き》まってるでしょ！」

菜々《なな》が、きっぱり言《い》った。お父《とう》さんもお母《かあ》さんも、にっこりした。

「うん、もちろん、そうしようね！」

それから、家族《かぞく》で警察署《けいさつしょ》へ行《い》って、正式《せいしき》に所有権《しょゆうけん》を取得《しゅとく》し、晴《は》れてピーちゃんはうちのコになった。

「あのね、今《いま》まで言《い》わないでおいたんだけど……」

家《いえ》に帰《かえ》ると、お母《かあ》さんが話《はな》し出《だ》した。

「今日《きょう》は、くーたんをペットショップからおむかえした日《ひ》なんだよ」

「えーっ、そうなの？」

うそみたい。まさか、こんな偶然《ぐうぜん》があるなんて！

「きっと、くーたんがピーちゃんを連《つ》れてきてくれたんだね。みんながさみしくないように。わたしがずっと落《お》ちこんでいたから、元気出《げんきだ》しなさいって言《い》ってくれたのかな」

菜々《なな》が涙《なみだ》ぐんだ。莉々《りり》は言《い》った。

「うちのコになった記念《きねん》に、ピーちゃんに新《あたら》しい名《な》前《まえ》をつけようよ。わたし、考《かんが》えたんだ」

「へえ、どんなの？」

「ペコちゃん！」

「いいね！」

みんなが笑顔《えがお》になると、ピーちゃんが、お父《とう》さんの肩《かた》で**ピコッ**と首《くび》をふった。

なたね！
ミキ！
いっしょに
カナヘビ
つかまえに
行《い》こーぜ！
←カナヘビ
春風実里《はるかぜみのり》（小《しょう》5）
近所《きんじょ》の公園《こうえん》
晴《は》れた日《ひ》に
よくカナヘビが
出《で》るんだよ！
ごめん

第《だい》22話《わ》

キミを好《す》きな気持《きも》ち

生《い》きもの大好《だいす》きな実里《みのり》に、ある事件《じけん》が起《お》きて…！？

今日《きょう》は暑《あつ》いから ミキとはな姉《ねえ》と 家《いえ》の中《なか》で遊《あそ》ぶよ
春風《はるかぜ》なたね(小《しょう》5)
のんちゃん
ゴリオ
春風《はるかぜ》はな(高《こう》1)
熱中症《ねっちゅうしょう》 気《き》をつけてね
松本《まつもと》ミキ(小《しょう》5)
それでねー
ぽつん…
最近《さいきん》
双子《ふたご》のなたねと 幼《おさな》なじみのミキが おとなっぽく なった気《き》がする…
ミーン
なんだ あいつら～? 前《まえ》はいっしょに 生《い》きもの 探《さが》してたのに!
ミーン
おっ 実里《みのり》!

なにしてんの？
ゲーム！
家《いえ》だと母《かあ》ちゃんうるさいからさ～
あちー
クラスの男子《だんし》
……
ゲーム…
この配信者《はいしんしゃ》がさ～
わい
公園《こうえん》暑《あつ》いしエアコンあるとこ行《い》こーぜ
わい
実里《みのり》はなにしてんの？
カ…
カ？
かっからだ動《うご》かしてたんだ！
じゃーな！
だっ
なんだよみんな！
むかしは虫《むし》つかまえたりして遊《あそ》んでたのに！
…でも
もしかして…

おれが子《こ》どもっぽい？
ちょも〜聞《き》いてくれよ〜
あ そういえば脱皮《だっぴ》終《お》わったかな？
ひょい
…ちょも？
ママ！パパ！ちょもの目《め》が開《あ》いてない…っ！
脱皮不全《だっぴふぜん》で目《め》が開《あ》かなくなったみたいだね
大丈夫《だいじょうぶ》 温浴《おんよく》と点眼《てんがん》してあげたらなおるよ こういうのは湿度不足《しつどぶそく》が原因《げんいん》のことが多《おお》いから

湿度《しつど》不足《ぶそく》…
おれがケージの湿度《しつど》をちゃんと見《み》ずに公園《こうえん》行《い》ったから…?
気《き》づくのがおくれて失明《しつめい》や壊死《えし》してたら…
ちょもをよく見《み》ていれば…
点眼《てんがん》して… はい とれた なおったよ
ズキ…
…っ
実里《みのり》?
フイッ
ちょっとおれ…
外《そと》行《い》ってくる…!
…実里《みのり》どうした?
よっ
芽《めぐむ》くん

おれ…自分《じぶん》の子《こ》どもっぽさに自信《じしん》なくし中《ちゅう》っす…
なんだそりゃ
かくかくしかじか…
なるほど…いろいろあった一日《いちにち》だったんだね
コクコク
友《とも》だちにカナヘビ探《さが》してたこと堂々《どうどう》と言《い》えなかったり
ちょもの異変《いへん》にすぐに気《き》づけなかったり…
今《いま》まで…生《い》きものが好《す》きって気持《きも》ちだけで生《い》きてきたけど

もし今日《きょう》ちょもにとり返《かえ》しのつかないことが起《お》きてたらと思《おも》うと…
生《い》きものを好《す》きなことすらこわくなってきて…
…実里《みのり》はおれと似《に》てるなあ
ズピ
え…？
おれもむかしレオっていう犬《いぬ》を飼《か》ってたんだけどさ
…前《まえ》にうちののんちゃんに似《に》てるって言《い》ってた犬《いぬ》？
そうそう
これ

レオは“繁殖犬《はんしょくけん》”という盲導犬《もうどうけん》をめざす子犬《こいぬ》たちのお父《とう》さんで…
奇跡《きせき》の犬《いぬ》って呼《よ》ばれるほどレオの子《こ》どもが盲導犬《もうどうけん》に合格《ごうかく》する確率《かくりつ》が高《たか》かったんだ
…まあ本人《ほんにん》はほかのオスにマウントとったりけっこう血《ち》の気《け》が多《おお》いところもあったんだけど…
オマエ
オスだろ…
あははっ
のんちゃんとは正反対《せいはんたい》だ
でも いつもレオはおれに寄《よ》りそってくれて
家族《かぞく》であり親友《しんゆう》であり
とにかく大切《たいせつ》な存在《そんざい》だった

でも　おれが
小《しょう》5のころ…
レオのおかげで
パートナー犬《けん》や
レオの子《こ》どもたちにも
イベントで会《あ》えるのが
とてもうれしいです
作文発表
「好きなこと」
これからも
犬《いぬ》について
たくさん勉強《べんきょう》して
いきたいです
すばらしいです！
これからも
いろんな犬《いぬ》の知識《ちしき》を
聞《き》かせてね
先生《せんせい》
はいっ
ヒソ…
芽《めぐむ》ってさ…特殊《とくしゅ》な犬《いぬ》
飼《か》ってるからって
気《き》どってるよな
なんか
いやな感《かん》じ
だよなー

じゃあさー…
コツン
！
そいつがモードーケン？
モードーケンって飼《か》い主《ぬし》が攻撃《こうげき》されても反撃《はんげき》しねーの？
グルル…
わ！怒《おこ》った！
逃《に》げろっ
レオ！もういいから！
ぐいっ
パシッ
あっ

レオ！
おれがリードを放《はな》さなければ
あの日《ひ》 散歩《さんぽ》に行《い》かなければ
クラスでレオのこと話《はな》さなければ
レオを飼《か》うのがおれじゃなければ…

でも　そうやって
後悔《こうかい》するたび
レオとの
楽《たの》しかった
思《おも》い出《で》まで
自分《じぶん》で全部《ぜんぶ》
否定《ひてい》してる
みたいで
よけいに
悲《かな》しくなった
おれはレオとの
思《おも》い出《で》を
悲《かな》しい後悔《こうかい》の話《はなし》で
片《かた》づけたくない
レオにもらった
優《やさ》しい思《おも》い出《で》が
たくさんあるから…
芽《めぐむ》くん…

まあ つまりはさ
まわりになにか 言《い》われたり 生《い》きものと くらす自信《じしん》が なくなったとしても
自分《じぶん》の好《す》きな 気持《きも》ちまで 否定《ひてい》しなくて いいと思《おも》うんだ
…おれ ちょもに ちゃんと 謝《あやま》ってくる！
今《いま》はまだ 子《こ》どもっぽく ても
ガタッ
伝《つた》えたい気持《きも》ちも たくさんある
バタバタ
ちょもー！
実里《みのり》

今日《きょう》は本当《ほんとう》にごめん！
おれはずっとちょもが好《す》きだ！
ママもパパも心配《しんぱい》かけてごめん！
おれ　もっともっとちょもを大事《だいじ》にする！
パパにもママにも実里《みのり》がちょもを大切《たいせつ》にしてるのは伝《つた》わってるよ
これからもちょもを大切《たいせつ》にね

★春風《はるかぜ》家《け》が登場《とうじょう》するお話《はなし》は、『希望《きぼう》のどうぶつ物語《ものがたり》』シリーズ、『感動《かんどう》のどうぶつ物語《ものがたり》DX《デラックス》』シリーズでも読《よ》めるよ。

ぐるぐる悩《なや》んで、涙《なみだ》をがまんしてるような日《ひ》。
そんなときキミは、
なぐさめの言葉《ことば》なんてしゃべらないけれど、
そっと寄《よ》りそっていてくれるね。

キミに出会《であ》ってから、前《まえ》のわたしより
ちょっとだけ強《つよ》くなれたよ。
きっとキミが、奇跡《きせき》を運《はこ》んできてくれたんだね。

第《だい》3章《しょう》

偶然《ぐうぜん》は必然《ひつぜん》

Guuzen ha Hitsuzen

キミとの出会《であ》いは
ほんとに偶然《ぐうぜん》だったのかな。
わたしには運命《うんめい》だって思《おも》えるよ。

第《だい》23話《わ》

猫《キミ》を探《さが》して

猫《ねこ》を飼《か》うのが夢《ゆめ》だった陽菜《ひな》だけど、まだ仲《なか》よくなれなくて…。

にこ
にこ
にこ
ごきげんだね陽菜《ひな》ちゃん
なにかいいことでもあったの？
じつはねえ…
昨日《きのう》からうちに猫《ねこ》がいるんだ♪
そうなの!?
保護猫《ほごねこ》の譲渡会《じょうとかい》っていうのに行《い》ってきてね
なんだっけ
ト…トライアル※？っていうのするんだって
陽菜《ひな》（小学《しょうがく》4年生《ねんせい》）

※どうぶつとの相性《あいしょう》をみるために、短期間《たんきかん》いっしょにくらしてみる期間《きかん》のこと。

ずっと猫《ねこ》を飼《か》うのが夢《ゆめ》だったんだあ
だからうれしくって
いいなあ～
あんまりうかれない方《ほう》がいいんじゃない？
トライアル中《ちゅう》なんでしょ
まだ飼《か》えるかどうかわからないじゃん
えっそうなの？
相性《あいしょう》とか環境《かんきょう》とか…いろいろチェックするんだよ
だめだと判断《はんだん》されたら断《ことわ》られることだってあるから
ガラッ
みゆきちゃん感《かん》じ悪《わる》いな～
気《き》にしない方《ほう》がいいよ陽菜《ひな》ちゃん
もし正式《せいしき》に飼《か》うことになったら猫《ねこ》ちゃん見《み》に行《い》ってもいい？
うんもちろん！

すっごくかわいいから
会《あ》いにきて！
ヴヴヴヴヴ…
…って
言《い》ってきた
ばかりなのに
おかえり
陽菜《ひな》
ねえ
ママ
あずき
今日《きょう》はごはん
ちゃんと食《た》べた？
ん～…
あんまり
そうなんだ…
知《し》らない家《いえ》に来《き》て
緊張《きんちょう》してるんじゃ
ないかな
子猫《こねこ》のころから
臆病《おくびょう》なコだった
みたいだし
断《ことわ》られることだって
あるから——

大丈夫《だいじょうぶ》
絶対仲《ぜったいなか》よくなって
みせるもん!!
ぐっ
あずき〜
おもちゃだよ〜
ぶんぶん
おやつ食《た》べる?
おいしいよ〜
ほい
ほい
いっしょに
お昼寝《ひるね》しようか
あずき〜
ベタ
ベタ
ベタ
ベタ
陽菜《ひな》…
あせらないで
あずきのペースに
合《あ》わせてあげようよ
えー…
ね!
お母《かあ》さんちょっと
買《か》い物《もの》に
行《い》ってくるから
ケージの扉《とびら》は
まだ開《あ》けちゃ
だめだよ

あ！
お母《かあ》さん！
あずきの好《す》きそうな
ごはん買《か》ってきてね
はいはい
…あせるなって
言《い》われても
ガチャン
仲《なか》よくできなきゃ
うちのコに
なれないじゃん
あずき！
出《で》ておいで
おず…
おやつで
気《き》を引《ひ》けないかな…
ちょっと
待《ま》ってて

ザァ
お待《ま》たせ
あずき…
びくっ
あずき!?
タッ
待《ま》って!
出《で》ていっちゃ
だめだよ
あずき!
あずき!!

あずき！どこにいるの!?
あずきー！
どうしよう見《み》つからない…
陽菜《ひな》ちゃん？
大《おお》きな声出《こえだ》してどうしたの？
みゆきちゃん…！
猫《ねこ》！猫見《ねこみ》なかった!?
これくらいの大《おお》きさの茶白猫《ちゃしろねこ》で…！
ちょ…ちょっと落《お》ち着《つ》いて
…じゃあ今《いま》出《で》て行《い》ったばかりなんだね？
うん…

あずきに
なにかあったら
わたしのせいだ…
泣《な》いてる場合《ばあい》じゃ
ないよ！
すぐに見《み》つけて
あげなきゃ！
猫《ねこ》は家《いえ》を飛《と》び出《だ》してから
しばらくは 近《ちか》くにいる
ことが多《おお》いんだよ
陽菜《ひな》ちゃんちは
このあたりなんだよね？
ほら
早《はや》く！
う…うん！

おびえてると こういうところに かくれることが 多《おお》いんだって
みゆきちゃん くわしいよね もしかして 猫飼《ねこか》ってるの？
…うん
そうだったんだ
それに比《くら》べて だめだなわたし みゆきちゃんに 怒《おこ》られるの 当《あ》たり前《まえ》だよね
…ちがうの
陽菜《ひな》ちゃんと 同《おな》じなんだよ 2週間前《しゅうかんまえ》に わたしの不注意《ふちゅうい》で 外《そと》に逃《に》がしちゃったの

もう家《いえ》の近《ちか》くには
いないんじゃないかと
思《おも》って こっちの方《ほう》まで
来《き》てみたんだけど…
もしかして
さっきも猫《ねこ》を
探《さが》してたの？
うん
だから
陽菜《ひな》ちゃんに
えらそうなこと
言《い》えないんだよ
ニャァァ
今《いま》の声《こえ》
もしかして…
…あずき！
えっ…

あずき
こわい思《おも》いさせて
ごめんね
無事《ぶじ》でよかった…！
びっくりした…
うちの猫《ねこ》…きなこにそっくりなんだけど…

そうなの!?
はにゃせ　はにゃせ
うん　口《くち》まわりの模様《もよう》が少《すこ》しちがうけど…
きなこも…元気《げんき》でいてくれるかな
絶対《ぜったい》大丈夫《だいじょうぶ》だよ！わたしもいっしょに探《さが》すから！
うん…っ
ピピピピ
もしもしママ？
陽菜《ひな》ちゃんの猫《ねこ》なら今《いま》…

えっ!?
それは
きなこが無事《ぶじ》に
家《いえ》にもどってきたという
みゆきちゃんのお母《かあ》さん
からの知《し》らせでした
うわぁ
本当《ほんとう》にあずき
そっくり!
ニャ〜〜

口《くち》の模様《もよう》以外《いがい》同《おな》じじゃない？
それが　もっとおどろくことがあってね
これ見《み》て
ボランティアさんにきなこを保護《ほご》したときの画像《が ぞう》をもらったの
こっちがきなこで…
こっちのコはあずきって名前《なまえ》なんだって

もしかして…
あずきときなこって
きょうだい？
え～っ！そんなことってある!?
これはもう奇跡《きせき》だよね

第《だい》24話《わ》 キミといぬっぱしり！

交通事故《こうつうじこ》で入院《にゅういん》していた歩波《ほなみ》は、ある犬《いぬ》と出会《であ》って…。

歩波《ほなみ》ちゃん！
ひとりじゃあぶないよ
歩波《ほなみ》ちゃんって
陸上《りくじょう》の強化選手《きょうかせんしゅ》だったんですよね

病院《びょういん》の裏《うら》って公園《こうえん》になってたんだ
おとなを見《み》てるとなんとなくわかる
わたしはたぶんもとどおりには歩《ある》けないし
走《はし》るのはもっと無理《むり》だ
ワンッ
ん？

ええっ
こら

ごめんなさいっ ケガは
ないです
ロフ! おまえも謝《あやま》る
わふん…
キミが気《き》になるみたいで… 犬《いぬ》は平気《へいき》?
好《す》きですけど
すごい走《はし》りでしたね
わかる? こいつ走《はし》るの大好《だいす》きなんだよ
ところでキミつきそいの人《ひと》は…

では
なんだ あの犬《いぬ》
公園《こうえん》なんか 行《い》かなきゃ よかった
病室《びょうしつ》に いても
公園《こうえん》に いても
どこに いても しんどい

なんで病院《びょういん》にいるんですか…
ぼく ここに新《あたら》しく来《き》た理学療法士《りがくりょうほうし》※です
リハビリに来《こ》ない歩波《ほなみ》さんってキミだったんだ
昨日《きのう》やっぱり勝手《かって》に病院《びょういん》からぬけ出《だ》してたんだね
あぶないから もう絶対《ぜったい》だめだよ
めっちゃ怒《おこ》られました

※医師《いし》と協力《きょうりょく》し、ケガや病気《びょうき》などでからだが不自由《ふじゆう》になった人《ひと》の回復《かいふく》を助《たす》ける専門家《せんもんか》。

それだけ行動力《こうどうりょく》があるのに どうしてリハビリいやなの？
どうせ走《はし》れないし…
……
歩波《ほなみ》さん ぼくがご両親《りょうしん》と病院《びょういん》に許可《きょか》とるからさ
気分《きぶん》転換《てんかん》にもう1回《かい》ロフと会《あ》うのはどうかな

ばかみたいに走《はし》り続《つづ》けますね
すごいよねえ
もともとスイスにいた犬種《けんしゅ》で
向《む》こうでは羊《ひつじ》を追《お》いかける仕事《しごと》もしてたんだって

走《はし》れると楽《たの》しいですもんね
それもあるけど
走《はし》ってると楽《たの》しくなってくるんじゃないかな
ぼくがそうです

ロフがあんまり楽《たの》しそうだから
いっしょにジョギングはじめて…
走《はし》ってみると楽《たの》しい
なんで座《すわ》ってるんですか
もったいないっ！
いや
絶対《ぜったい》言《い》われてないけど

やります
リハビリ
ほんと?
うれしいけど 急《きゅう》になんで
… ひま だから
なんでわたし 座《すわ》ってるん だろって…
それに ロフ 見《み》てたら

リハビリしてると
足《あし》が動《うご》くかもしれない
動《うご》かしてると
歩《ある》けるかもしれない
歩《ある》けると
もしかしたら走《はし》れるかも
わたしだって走《はし》りたいっ
ロフみたく楽《たの》しく走《はし》りたい

わふ

あとから
看護師《かんごし》さんに
聞《き》いた話《はなし》だけど
わたしのあの
ひとっぱしりは
奇跡《きせき》の回復《かいふく》
だった
らしい
まあ
ロフには
ナイショの
話《はなし》だ

第《だい》25話《わ》

クロとぼくの秘《ひ》密《みつ》

小《しょう》5の巧《わくみ》は、元気《げんき》のないおじいちゃんを心配《しんぱい》していたけど…。

ぼくには、車《くるま》で1時間《じかん》ほど離《はな》れた町《まち》のマンションに住《す》む、**おじいちゃん**がいる。去年《きょねん》おばあちゃんが亡《な》くなってからはひとりでくらしている。

以前《いぜん》は、ぼくもママといっしょに、おじいちゃんの家《いえ》へよく遊《あそ》びに行《い》っていた。けれど、パパもママも仕事《しごと》でいそがしいうえに、ぼくも小学《しょうがく》5年生《ねんせい》になってからは、土日《どにち》にスイミングの進級《しんきゅう》試験《しけん》や塾《じゅく》のテストが入《はい》ることがあり、なかなか会《あ》いに行《い》けなくなった。

おじいちゃんの家《いえ》が、以前《いぜん》よりもずっと遠《とお》くなったような感《かん》じがしていた。

それでも、時々《ときどき》、ママがパソコンでおじいちゃんとテレビ電話《でんわ》をすることがあって、そんなときは、ぼくもテレビ電話《でんわ》にまざった。

「おじいちゃん、こんにちは、元気《げんき》？」

「ああ……、元気《げんき》だよ。巧《たくみ》の方《ほう》はどうだい？」
「もちろん元気《げんき》だよ。今度《こんど》の日曜《にちよう》に、スイミングの試合《しあい》に出《で》られることになったんだ！　選手《せんしゅ》に選《えら》ばれるまで、練習《れんしゅう》がめちゃ大変《たいへん》だったんだから！」
「そうか、がんばれよ……」
パソコンの画面《がめん》の中《なか》のおじいちゃんは、いつも笑顔《えがお》だ。
けれど、だんだん声《こえ》から力《ちから》がなくなっていくような感《かん》じがして、心配《しんぱい》になっていった。
「ねえママ、おじいちゃん、大丈夫《だいじょうぶ》かな」
「そうね。最近《さいきん》お鍋《なべ》をこがしたり、家《いえ》の中《なか》で転《ころ》んだり、失敗続《しっぱいつづ》きで自信《じしん》がなくなっているみたい。なにか、元気《げんき》が出《で》るようなことがあればいいのだけれど……」
　ある日《ひ》の夕方《ゆうがた》、ぼくは学校《がっこう》から帰《かえ》ると、ひとりで留守番《るすばん》をしながらママの帰《かえ》りを待《ま》っていた。でも、いつもなら5時半《じはん》には家《いえ》にいるのに、6時《じ》になっても帰《かえ》ってこない。

（ママ、どうしちゃったんだろう）

やきもきしながら時計《とけい》を見《み》つめていると、「ただいま！」とはずんだ声《こえ》がして、ママがリビングに入《はい》ってきた。

ママは笑《わら》いをこらえるようにして、両手《りょうて》に大《おお》きなカゴをかかえている。

ぼくはピンときた。

「あ、中《なか》にいいものが入《はい》っているんでしょ！　もしかしてケーキ？」

期待《きたい》をふくらませるぼくの目《め》の前《まえ》で、ママはカゴのふたを開《あ》けた。

ミウ……と、か細《ぼそ》い声《こえ》が聞《き》こえた。

「うわあ、子猫《こねこ》だ！」

カゴには、タオルにくるまれた子猫《こねこ》が入《はい》っていた。

カゴはペットを持《も》ち運《はこ》ぶための、ペットキャリーだったんだ。

ママが大切《たいせつ》な宝物《たからもの》をあつかうように、そうっと子猫《こねこ》を抱《だ》きあげた。

「生《う》まれて3か月《げつ》ぐらいだよ。会社《かいしゃ》の友《とも》だちのところで子猫《こねこ》が生《う》まれて、もらってくれる人《ひと》を探《さが》していてね。友《とも》だちの家《いえ》に寄《よ》ってみたら、このコと目《め》が合《あ》って、うちに連《つ》れてきちゃった」

ママに抱《だ》かれた子猫《こねこ》が、不安《ふあん》そうにぼくに顔《かお》を向《む》ける。次《つぎ》の瞬間《しゅんかん》、子猫《こねこ》と目《め》が合《あ》ってハッと息《いき》をのんだ。黒《くろ》い瞳《ひとみ》の金色《きんいろ》の目《め》がつやつやと光《ひか》っている。

（うっとりするほどきれい……。ママがうちに連《つ》れてきたくなったのもわかるよ）

「メスの子猫《こねこ》で、友《とも》だちの家《いえ》では**クロ**って呼《よ》ばれていたみたい」

クロか。闇夜《やみよ》のようにまっ黒《くろ》な毛色《けいろ》だ。

「うん、いいね。今日《きょう》からクロはうちの家族《かぞく》だよ」

ぼくはママから子猫《こねこ》を受《う》けとると、不安《ふあん》がらせないように、指先《ゆびさき》で優《やさ》しくからだをなでた。会社《かいしゃ》から帰《かえ》ってきたパパも、クロを見《み》るなり大喜《おおよろこ》びした。

ママもパパも、小《ちい》さいころからずっとマンションぐらしで、どうぶつを飼《か》った経験《けいけん》がない。自分《じぶん》の家《いえ》で猫《ねこ》を飼《か》うのは初体験《はつたいけん》のため、興奮《こうふん》ぎみだ。もちろんぼくも！

さっそく、はりきるパパとホームセンターに行《い》き、ケージや猫用《ねこよう》のトイレを買《か》ってきた。子猫《こねこ》は、前《まえ》の飼《か》い主《ぬし》のところで、トイレもちゃんと覚《おぼ》えてきたという。

新《あたら》しい家《いえ》に連《つ》れてこられ、ケージの中《なか》で不安《ふあん》そうにしていたクロだったけれど、数日《すうじつ》もすると、リビングに出《で》て走《はし》り回《まわ》ったり、ネズミのおもちゃに飛《と》びついて遊《あそ》んだりするようになった。

ママもパパも、そしてぼくも、クロに会《あ》いたくて、家《いえ》に帰《かえ》るのが待《ま》ち遠《どお》しくなってしまったほどだ。

クロがうちにやって来《き》て5日目《かめ》の日曜日《にちようび》。予定《よてい》がなかったぼくは、朝《あさ》からクロと遊《あそ》びはじめた。すると、ネズミのおもちゃを追《お》いかけたはずみで、クロがパソコンの上《うえ》にぴょんと飛《と》び乗《の》ってしまった。

「クロ、パソコンにあがっちゃだめだよ」
パソコンの上《うえ》からクロを抱《だ》きあげたとたん、おじいちゃんの顔《かお》が頭《あたま》にうかんだ。
(そうだ、猫《ねこ》を飼《か》いはじめたことを教《おし》えてあげよう)
ぼくは、ママに頼《たの》んで、おじいちゃんにテレビ電話《でんわ》をかけてもらった。呼《よ》び出《だ》し音《おん》に続《つづ》いて、画面《がめん》におじいちゃんの笑顔《えがお》が映《うつ》る。
「やあ、巧《たくみ》か。連絡《れんらく》をありがとう……」
おじいちゃんの声《こえ》は、あいかわらず力《ちから》がない。
そのとき、ぼくの足元《あしもと》でクロが**ミウ**と鳴《な》いた。
「ん？　今《いま》のは、猫《ねこ》の鳴《な》き声《ごえ》かい？」
突然《とつぜん》、おじいちゃんの声《こえ》が大《おお》きくなった。ぼくはクロを抱《だ》きあげると、おじいちゃんに見《み》えるように、クロをパソコンに近《ちか》づけた。
「うん。今度《こんど》うちで飼《か》うことになった子猫《こねこ》だよ。クロっていうんだ」
「クロ？　クロだって？」

おじいちゃんの目《め》が丸《まる》くなったかと思《おも》うと、今度《こんど》はきらきらと輝《かがや》きだした。

「今度《こんど》、クロを連《つ》れてきてくれないか。会《あ》ってみたいんだ！　巧《たくみ》、頼《たの》むよ！」

「え？　あ、いいよ。連《つ》れていくよ」

テレビ電話《でんわ》が終《お》わるなり、ぼくはクロをペットキャリーに入《い》れた。

「ママ、おじいちゃんがクロに会《あ》いたいって。今《いま》すぐ行《い》こうよ！」

「え、今《いま》から？」

「だって、おじいちゃんがぼくに、こんなに強《つよ》く頼《たの》むなんて、今《いま》までなかったんだもの」

「そうだね。よし、行《い》こう！」

ぼくは、ママの運転《うんてん》する車《くるま》に乗《の》り、おじいちゃんの住《す》むマンションへ向《む》かった。

「おじいちゃん、クロを連《つ》れてきたよ！」

「おう、来《き》たか、来《き》たか！」

ドアを開《あ》けた瞬間《しゅんかん》、目《め》を疑《うたが》った。おじいちゃんは、ずっと元気《げんき》がなかったのがうそのように、全身《ぜんしん》から喜《よろこ》びがあふれている。思《おも》わず胸《むね》がおどった。クロを連《つ》れてきたことを、こんなに喜《よろこ》んでくれるなんて！

バスケットを開《あ》けると、おじいちゃんはふにゃっと目《め》じりを下《さ》げた。

「クロ、クロ」と呼《よ》びかけながら、何度《なんど》もてのひらでクロをなでる。こんなおじいちゃん、はじめて見《み》た。

「おじいちゃんって、猫《ねこ》が好《す》きだったんだね」

するとおじいちゃんは、なつかしそうに目《め》を細《ほそ》めた。

「おじいちゃんも子《こ》どものころ、**くろ**という名前《なまえ》の黒猫《くろねこ》を飼《か》っていたんだよ」

「え、そうなの？　うちのクロと同《おな》じなの？」

おじいちゃんは「うん、そうだよ」とうなずくと、ママにメモを手《て》わたして買《か》い物《もの》を頼《たの》んだ。ママが出《で》かけ、リビングには、おじいちゃんとぼく、そしてバスケットの中《なか》のクロが残《のこ》った。

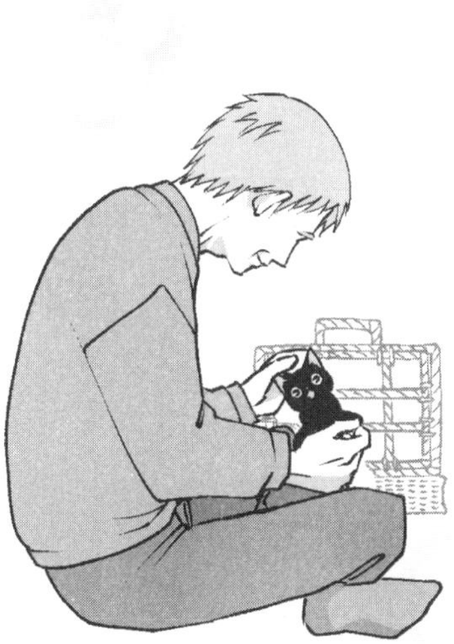

「じつは、巧《たくみ》に話《はな》したいことがあるんだよ。とっておきの話《はなし》をな」
おじいちゃんはそう言《い》うと、ソファーに腰《こし》をおろした。ぼくがとなりに座《すわ》ると、おじいちゃんは思《おも》い出《で》をたどるように、ゆっくりと話《はなし》をはじめた。
「壮太郎《そうたろう》じいちゃんが小学《しょうがく》5年生《ねんせい》ぐらいのときのことだ」
「え？　おじいちゃんにも小学《しょうがく》5年生《ねんせい》のときがあったの？」
目《め》の前《まえ》の、頭《あたま》が真《ま》っ白《しろ》のおじいちゃんからは想像《そうぞう》もつかない。
「そりゃ、だれにでも子《こ》どものころがあるさ、うふふふ」
おじいちゃんは、笑《わら》いをふくんだ声《こえ》で話《はなし》を続《つづ》けた。
「家《いえ》にメス猫《ねこ》がいたんだ。全身《ぜんしん》まっ黒《くろ》だから、くろと呼《よ》ばれていた。壮太郎《そうたろう》の家《いえ》は田舎《いなか》の農家《のうか》で、むかしはいつも玄関《げんかん》が開《あ》けっ放《ぱな》しだったから、くろは家《いえ》の外《そと》と中《なか》を自由《じゆう》に行《い》き来《き》していた。お父《とう》さん、お母《かあ》さん、ふたりのお兄《にい》さんとの5人家族《にんかぞく》の中《なか》でも、くろは壮太郎《そうたろう》にとてもよくなついていた。壮太郎《そうたろう》が学校《がっこう》から帰《かえ》るころには足音《あしおと》を聞《き》きつけるのか、いつも玄関《げんかん》の前《まえ》に座《すわ》って待《ま》っていてくれたんだよ」

ぼくの頭《あたま》に、玄関《げんかん》の前《まえ》にちょこんとおすわりをして壮太郎《そうたろう》を待《ま》つ、くろの姿《すがた》がうかんだ。どんなにかうれしかっただろうな、壮太郎《そうたろう》！

「くろは夜《よる》になると、壮太郎《そうたろう》の布団《ふとん》の中《なか》に入《はい》ってきていっしょに寝《ね》ていた。冬《ふゆ》も、今《いま》のようなエアコンもファンヒーターもなかった時代《じだい》だからね。くろを抱《だ》いて寝《ね》るとぽかぽかとあたたかくて、それは心地《ここち》のよいものだったよ」

「うわあ、なんだかうらやましいなあ」

ぼくがため息《いき》をもらすと、おじいちゃんはうれしそうに顔《かお》をほころばせた。それから、急《きゅう》に声《こえ》をひそめた。

「そんなある日《ひ》、急《きゅう》にくろの姿《すがた》が見《み》えなくなった。交通《こうつう》事故《じこ》にあったんじゃないかとみんなで心配《しんぱい》して、家《いえ》のまわりを探《さが》したりしたんだよ」

「見《み》つかったの？」

「いや、見《み》つからなかった。けれども、くろのために用意《ようい》しておいたごはんがちゃんと減《へ》っていて、くろが生《い》きていることはわかったんだ」

よかった。でもどこにいたんだろう。先《さき》を聞《き》きたくてたまらない。

「しばらくして、壮太郎《そうたろう》が学校《がっこう》から帰《かえ》ると、くろが玄関《げんかん》の前《まえ》にいた。壮太郎《そうたろう》は大喜《おおよろこ》びで、くろを抱《だ》きあげた。ところが、がりがりにやせているではないか。びっくりした壮太郎《そうたろう》はくろを地面《じめん》におろし、どこか悪《わる》いところがないか調《しら》べようとした。すると、くろは壮太郎《そうたろう》をじっと見《み》ると、**にゃあん**と鳴《な》いて家《いえ》の外《そと》に向《む》かって歩《ある》き出《だ》したんだ。数歩進《すうほすす》むと、また**にゃあん**と鳴《な》いて壮太郎《そうたろう》をふり返《かえ》るんだ」

おじいちゃんの**にゃあん**という猫《ねこ》の鳴《な》きまねはとても上手《じょうず》で、まるでそこに本物《ほんもの》のくろがいるようだった。

「壮太郎《そうたろう》には、くろが**〝こっちについてきて〟**と言《い》っているように聞《き》こえた。くろはまた、**にゃあん**と鳴《な》いて数歩進《すうほすす》むと壮太郎《そうたろう》にふり返《かえ》る。いったい、どこに連《つ》れていくつも

りなんだろうと、壮太郎《そうたろう》はドキドキしながらくろの後《あと》をついていった」
どうしよう。ぼくまで、ドキドキしてきた。
「壮太郎《そうたろう》の家《いえ》から離《はな》れたところに、牛小屋《うしごや》があってね、1階《かい》には牛《うし》が数頭《すうとう》いて、2階《かい》には牛《うし》たちのエサにする稲《いな》わらが、たくさん置《お》いてあったんだよ。くろは牛小屋《うしごや》まで行《い》くと、立《た》てかけられていたはしごをのぼって、2階《かい》へ行《い》った。そして、2階《かい》の窓《まど》から顔《かお》を出《だ》して、壮太郎《そうたろう》ににゃあんと呼《よ》びかけたんだ」
「2階《かい》に来《こ》いってこと？」
「そうだ。だが、はしごはとても急《きゅう》で、足《あし》をふみ外《はず》したらどうしようと、壮太郎《そうたろう》は思《おも》わずしりごみをした。ちょっとこわがりだったからね。うふふ。でも、くろは何度《なんど》も壮太《そうた》郎《ろう》を呼《よ》ぶ。きっと、なにか理由《りゆう》があるはずだ。壮太郎《そうたろう》は勇気《ゆうき》をふりしぼって、1段《だん》ずつはしごをのぼっていった。するとそこには……」
「そこには、なにがあったの？」
思《おも》わず身《み》を乗《の》り出《だ》すぼくに、おじいちゃんはパアッと顔《かお》を輝《かがや》かせた。

「わらの中《なか》に子猫《こねこ》がいたんだよ！　茶《ちゃ》トラや三《み》毛《け》、黒《くろ》い毛色《けいろ》など、全部《ぜんぶ》で5匹《ひき》もいた。ミウミウと、それはかわいらしい声《こえ》で鳴《な》いていたんだ。くろがガリガリにやせていたのは、5匹《ひき》の子猫《こねこ》にお乳《ちち》をあげていたからなんだ。壮太郎《そうたろう》は胸《むね》が熱《あつ》くなった。〝わざわざぼくにだけ、子猫《こねこ》を見《み》せてくれたの？〟と壮太郎《そうたろう》がたずねると、くろはにゃあんと返事《へんじ》をしたんだ」

「うわあ、すごい。くろは本当《ほんとう》に、おじいちゃんにだけ見《み》せたかったんだね！」

「ああ、だから壮太郎《そうたろう》は、子猫《こねこ》のことはお父《とう》さんたちにはだまっていた。くろと壮太郎《そうたろう》の秘密《ひみつ》だったからね。壮太郎《そうたろう》は時々《ときどき》、みんなにナイショで、子猫《こねこ》の様子《ようす》を見《み》に行《い》った。おかげで、苦手《にがて》なはしごのぼりも上手《じょうず》になったというおまけつきさ。うふふ。やがて、ふっくらとした子猫《こねこ》たちを連《つ》れて、くろが家《いえ》にもどってきたとき、お父《とう》さんやお母《かあ》さんはびっくりしていた。でも、秘密《ひみつ》を知《し》っていた壮太郎《そうたろう》は、とてもほこらしかったんだよ」

そう話《はな》すおじいちゃんの声《こえ》も、とてもほこらしげだ。

「家《いえ》にはいろいろな猫《ねこ》がいたけれど、壮太郎《そうたろう》を心《こころ》から信頼《しんらい》してくれた猫《ねこ》は、くろだけだった。おとなになってからは猫《ねこ》を飼《か》うことができなかったけれど、くろとの秘密《ひみつ》は壮太郎《そうたろう》の心《こころ》の中《なか》にずっとずっと残《のこ》っていたんだ。それが今《いま》、こうしてよみがえったのさ」

おじいちゃんは、バスケットの中《なか》をのぞきこむと、クロを優《やさ》しくなでた。

「黒々《くろぐろ》とした毛色《けいろ》と金色《きんいろ》の目《め》。クロはおじいちゃんのくろにそっくりだよ」

そのとき、「ただいま〜！」と声《こえ》がして、ママが買《か》い物《もの》から帰《かえ》ってきた。

おじいちゃんはいたずらっぽい目《め》をすると、人《ひと》さし指《ゆび》を口《くち》に当《あ》てにこりと笑《わら》った。

「くろと壮太郎《そうたろう》の秘密《ひみつ》は、おじいちゃんと巧《たくみ》との秘密《ひみつ》だよ」

そのとき、バスケットの中《なか》のクロが小《ちい》さく**ミウ**と鳴《な》いた。
「おっと、ここにいるクロも忘《わす》れちゃいかんな。クロ、さっきの話《はなし》は秘密《ひみつ》だぞ。いいな」
おじいちゃんは、肩《かた》をゆらしながらクスクスと笑《わら》った。
ママが、チョコレートケーキをのせたトレイを持《も》ってリビングに入《はい》ってきた。トレイには、クロのためのキャットフードも用意《ようい》されていた。ケーキもキャットフードも、おじいちゃんがママに頼《たの》んで買《か》ってきてもらったのだ。
「クロ、本当《ほんとう》によく会《あ》いに来《き》てくれたな」
ぼくがチョコレートケーキをごちそうになっている間《あいだ》、おじいちゃんはキャットフードを手《て》にとり、クロの口元《くちもと》に持《も》っていった。
クロはおいしそうにキャットフードを食《た》べると、小《ちい》さな舌《した》で、おじいちゃんの手《て》をぺろぺろとなめた。おじいちゃんは、そんなクロを愛《いと》おしそうに見《み》つめた。

ぼくもママも、その様子《ようす》を見《み》ながら、幸《しあわ》せな気持《きも》ちに包《つつ》まれていた。
家《いえ》に帰《かえ》るとき、ぼくはおじいちゃんに約束《やくそく》した。
「また、クロを連《つ》れて会《あ》いに来《く》るね！」
「ああ、待《ま》っているよ」
おじいちゃんは、マンションの前《まえ》まで出《で》て、ぼくたちの乗《の》る車《くるま》に何度《なんど》も手《て》をふった。
車《くるま》の中《なか》で、ペットキャリーの中《なか》をそっとのぞくと、クロがタオルにくるまって、丸《まる》くなっている。ぼくは、心《こころ》の中《なか》で呼《よ》びかけずにいられなかった。
（クロ、ぼくたちの間《あいだ》にも、すてきな秘密《ひみつ》ができるかな？）
するとクロはふいっと顔《かお》をあげると、ぼくに向《む》かって**ミウ！**と鳴《な》いた。

第《だい》26話《わ》

ここほれワンワン

おじいちゃんがたおれてしまい、会《あ》いに行《い》った夏美《なつみ》は…。

ひとりぐらしのおじいちゃんがたおれた
連絡《れんらく》を受《う》けたわたしたちは
家族《かぞく》みんなでおじいちゃんの住《す》む県《けん》へと急《いそ》いだ
夏美《なつみ》（小学《しょうがく》4年生《ねんせい》）
いらっしゃい

恵子《けいこ》
連絡《れんらく》ありがとう
時々《ときどき》は様子《ようす》を
見《み》に来《き》てたんだけど
今日《きょう》来《き》てみたら
たおれててね
ひさしぶりだね
3年《ねん》ぶりかな？
元気《げんき》？
元気《げんき》です！
夏美《なつみ》は向《む》こうで
ショコラと遊《あそ》んでて
ぱたん…
そー…
それで…
お父《とう》さんは…？

うん…病院《びょういん》で聞《き》いた話《はなし》だと脳梗塞《のうこうそく》だって…今《いま》はまったく意識《いしき》がない状態《じょうたい》
意識《いしき》はもどるの?
それはわからないみたい
数《すう》か月後《げつご》に意識《いしき》をとりもどすかもしれないし二度《にど》ともどらないかもしれない
そんな…!
脳《のう》の血管《けっかん》がつまった場所的《ばしょてき》に手術《しゅじゅつ》も不可能《ふかのう》って…
おじいちゃん…死《し》んじゃうのかな…

…ショコラは ここに来《く》るの はじめてだもんね
変《か》わってないなあ
あっ この本《ほん》…！
なつかしい… 小《ちい》さいころ おじいちゃんに たくさん読《よ》んでもらったな

6年前《ねんまえ》
ここほれ ワンワン ポチが鳴《な》くので 地面《じめん》をほってみると
土《つち》の中《なか》から たくさんの小判《こばん》が 出《で》てきたのです
ねえねえ!
おじいちゃんの ポチもこれ できるかな?
どうかな? 穴《あな》ほりは 大好《だいす》きなんだけどね
ワンッ

ぱた
ぱた
あ！ポチ！
穴《あな》ほりしてたの？
こんなによごして
おじいちゃん
わたしも
犬《いぬ》飼《か》いたい！
なでなで
もう少《すこ》し
小《ちい》さな犬《いぬ》だったら
夏美《なつみ》にも
飼《か》いやすいかもな

それから3年後《ねんご》うちにショコラがやってきた
ショコラ～！
でも感染症《かんせんしょう》がはやりはじめておじいちゃんに会《あ》いに行《い》くことができなかった
感染症流行中
うちで犬《いぬ》を飼《か》いはじめたよ ショコラって名前《なまえ》でポチよりずっと小《ちい》さいコだよ
そうか 犬《いぬ》はいいだろ
すっごくかわいい！ ポチとも友《とも》だちになれるかな？
きっとなれるよ
感染症《かんせんしょう》がおさまったらショコラを連《つ》れておじいちゃんちに行《い》くね
楽《たの》しみにしてるよ

あれから3年《ねん》
今日《きょう》まで来《く》ることが
できなかった…
ようやく
おじいちゃんに
ショコラを会《あ》わせて
あげられると思《おも》ったのに
ポチは去年《きょねん》
死《し》んでしまったし
おじいちゃんもいない…
せめてもう一度《いちど》
おじいちゃんと
話《はなし》がしたい
このまま
お別《わか》れなんて…
ギュッ…

お庭《にわ》の散歩《さんぽ》する？
どうしたの？ショコラ…
！
ダッ
あっ ショコラ 待《ま》って！
…ここになにかあるの…？
ん？

これ
どこかで…あっ！
だっ
どうしたの？
手《て》が泥《どろ》だらけじゃない！
今日《きょう》はこれから
病院《びょういん》へ行《い》くんだよ？
お母《かあ》さん
これ…！
どこで
これを…？
ショコラが土《つち》の中《なか》から
見《み》つけたの

その髪《かみ》かざりは おじいちゃんが おばあちゃんに プレゼントしたものなんだ
おばあちゃん とても大事《だいじ》にしてて いつも身《み》につけてた
亡《な》くなったあとは 形見《かたみ》として仏壇《ぶつだん》に 置《お》いてたんだけど ポチが死《し》ぬ 少《すこ》し前《まえ》に 失《な》くしたって…
ぐっ
きっとポチが 土《つち》の中《なか》に かくしていたんだね 穴《あな》ほって遊《あそ》ぶの 好《す》きだったから
わたし…
この髪《かみ》かざり おじいちゃんに 返《かえ》してあげたい！
そうだね きれいに洗《あら》って 持《も》っていこう
病院

病室《びょうしつ》に入《はい》れるのはふたりまでだ
お父《とう》さんはショコラと車《くるま》で待《ま》ってるね
ガラ…
おじいちゃん!
おじいちゃん見《み》て
これおばあちゃんの髪《かみ》かざりだよ
探《さが》してたんだよね…?
裏庭《うらにわ》でショコラが見《み》つけたの
土《つち》の中《なか》にうまってたからポチのしわざかもしれないね
ん…

花咲《はなさ》かじいさんの絵本《えほん》に出《で》てくる犬《いぬ》みたいだね…
覚《おぼ》えてる？おじいちゃんの家《いえ》に遊《あそ》びに行《い》くと　いつも絵本《えほん》読《よ》んでくれたよね
何冊《なんさつ》も読《よ》んでってお願《ねが》いばかりで困《こま》らせちゃったかな？
ねえ目《め》を開《あ》けて…
ずっと会《あ》えなかったのにこれでお別《わか》れなんてやだよ…

ぱち…
おじいちゃん?
お父《とう》さん
わたしたちのこと
わかる?
こくり
ぎゅ…
文子《ふみこ》…

お父《とう》さん…！
おじいちゃん…！
ありがとう
そのあと再《ふたた》び目《め》を閉《と》じたおじいちゃんは二度《にど》と目《め》を覚《さ》ますことはなかった
すごく悲《かな》しかったけど最期《さいご》にお別《わか》れができたこと
ショコラの活躍《かつやく》でおじいちゃんがおだやかな顔《かお》をしていたことがわたしたちの気持《きも》ちを救《すく》ってくれた

数《すう》か月後《げつご》
そろそろお墓《はか》に行《い》くぞ
わかった!

第《だい》27話

落《お》とし物《もの》ウサギ

中《ちゅう》1の瑞希《みずき》は、草《くさ》むらで1羽《わ》のウサギをひろって…。

ウサギ！
ウサギが橋《はし》の下《した》の草《くさ》むらにいたんだ！
ガサッ
野《の》ウサギじゃないの？
もし野生《やせい》ならわたしにつかまらないよ
それにこのコケガしてるの！病院《びょういん》行《い》かなきゃ
おじいちゃん呼《よ》びましょう
こわかったねもう大丈夫《だいじょうぶ》だよ

はら動物病
この耳《みみ》の傷《きず》はかまれたあとですね
多頭飼《たとうが》いされて仲間《なかま》どうしでケンカをしたのかもしれません
まいごの可能性《かのうせい》もゼロではないので警察《けいさつ》に届《とど》け出《で》をした方《ほう》がいいですよ
けいさつ…
はい…

KOBAN
落《お》とし物《もの》?
生《い》きものなのに!?
捨《す》てられたどうぶつは 物品《ぶっぴん》と同《おな》じ 拾得物《しゅうとくぶつ》になります
基本的《きほんてき》には 3か月《げつ》飼《か》い主《ぬし》からの 連絡《れんらく》を待《ま》ちます
その間《あいだ》　このコは どうなるんですか?

ここではお世話《せわ》できないので保健所《ほけんしょ》であずかってもらいます
その間《あいだ》に飼《か》い主《ぬし》が見《み》つからなかったら？
それは…
このコはものじゃないひとつの命《いのち》なのに!!
あの…

その3か月間《げっかん》うちであずからせてもらえますか？
はい
ただ最近《さいきん》飼《か》えなくなったウサギを捨《す》てる人《ひと》が増《ふ》えていますので
いのちを捨《す》てることは犯《はん》罪です
発見《はっけん》したら110番《ばん》！
飼《か》い主《ぬし》が出《で》てこない場合《ばあい》がほとんどです
ですので保管期間後《ほかんきかんご》のことも少《すこ》し考《かんが》えておいてくださいね
こくり
保護《ほご》したわたしたちにも責任《せきにん》はあるんだ

瑞希《みずき》の言《い》うとおり命《いのち》だからね
うん…!
2万3千円
ウサギ1羽《わ》でもけっこうお金《かね》がかかるなあ
お年玉《としだま》ためててよかったー!
おとしだま

やっぱり おじいちゃんが お金《かね》はらうよ
NO!
ううん! このコはわたしが 保護《ほご》したから
あっ さっきまで じっとしてたのに 水《みず》飲《の》んでる!
もう大丈夫《だいじょうぶ》 だからね
しかし 使《つか》ってない ニワトリ小屋《ごや》じゃ だめだったのか?
だめー!

ぐで〜〜
暑《あつ》さにも
寒《さむ》さにも弱《よわ》くて
ウサギはとってもデリケートなんだよ！
瑞希《みずき》はウサギにくわしいね
それは…
ウサギを飼《か》っていた友《とも》だちがいて…
小《しょう》5ぐらいからまわりが夢中《むちゅう》になっていくアイドルや
おしゃれに興味《きょうみ》がもてなくて
クラスでういていた

でも
瑞希《みずき》！
今日《きょう》うち来《く》るでしょ？
卯乃《うの》！
昨日《きのう》モッチーがおもしろかったんだよ
卯乃《うの》は明《あか》るくて気《き》さくな人気者《にんきもの》で
わたしの唯一《ゆいいつ》の友《とも》だちだった
楽《たの》しそうに飼《か》っているウサギのモッチーの話《はなし》をする卯乃《うの》が好《す》きで
ウサギ博士《はかせ》と呼《よ》んで
卯乃《うの》のおかげでウサギのことをたくさん知《し》れた

卯乃《うの》のおかげでなんとか学校《がっこう》に行《い》けてたけど
ある日《ひ》聞《き》いてしまった
卯乃《うの》 せっかくこっちのグループにさそったのに断《ことわ》ってきたんだけど
卯乃《うの》も無視《むし》する？
卯乃《うの》 わたしといるから悪《わる》く言《い》われてる… しばらく話《はな》すのやめよう
え？
悪《わる》く言《い》うやつなんてほっとけばいいよ
だれといるかは自分《じぶん》で決《き》める！
卯乃《うの》…

でもわたしが無理《むり》だから！
わたしは自分《じぶん》のせいで卯乃《うの》が悲《かな》しむ姿《すがた》を見《み》たくなかった
たっ
瑞希《みずき》！
わたしと離《はな》れたことで卯乃《うの》は無視《むし》されなかった
中学《ちゅうがく》は別《べつ》のとこに行《い》きたい
クラスメートと同《おな》じ中学《ちゅうがく》へ行《い》くことにたえられなくて

この春《はる》から
おばあちゃん家《ち》の近《ちか》くの
中学《ちゅうがく》に通《かよ》っている
入学式
部活《ぶかつ》をはじめて
友《とも》だちもできた
でもずっと
卯乃《うの》のことが
心《こころ》に
引《ひ》っかかっていた
卯乃《うの》はわたしを
信《しん》じてくれたのに
わたしは
卯乃《うの》の本心《ほんしん》を
受《う》けとめなかった
自分《じぶん》の弱《よわ》さから
卯乃《うの》を傷《きず》つけた
ごめんね
卯乃《うの》

怒《おこ》ってるときとか あしでダンッって 鳴《な》らすんだよ
あ 卯乃《うの》が 言《い》ってた…
なんで 怒《おこ》ってるんだ?
こんなとき 卯乃《うの》なら…
うさぎの飼い方
…あ
これって 卯乃《うの》に連絡《れんらく》する チャンスかも
ふんっ

少《すこ》しして
おまわりさんから
連絡《れんらく》があった
違法販売《いほうはんばい》の
ブリーダーが
これまで
増《ふ》えすぎた
ウサギを何度《なんど》も
捨《す》てていたらしい
このコも
そのうちの1羽《わ》
だろうって
おじいちゃんと
おばあちゃんは
大事《だいじ》に育《そだ》てることを
条件《じょうけん》に飼《か》うことを
ゆるしてくれた
これから
よろしくね
あの…

今度《こんど》 家《いえ》に友《とも》だち呼《よ》んでいい？
もちろん いいよ
あれから 勇気《ゆうき》を出《だ》して 卯乃《うの》に連絡《れんらく》した
ウサギが家《いえ》に いると伝《つた》えると 行《い》きたいと 言《い》ってくれた
キミのおかげで 卯乃《うの》に謝《あやま》れた ありがとう
今日《きょう》 お母《かあ》さん 来《く》るみたいよ
このコ見《み》て どんな顔《かお》 するかな
あはは
名前《なまえ》 どんなのが いいかなあ

おしえて♥ウサギさんのかわいいところ

第《だい》28話《わ》 お鼻《はな》

ウサギさんのかわいいところ
せわしなく動《うご》くお鼻《はな》
ひく
ひく
ひく
もちろんにおいをかいだり呼吸《こきゅう》をしたりするのでいつも上下《じょうげ》に動《うご》いています
くんくん
ピタ…
あれ…鼻《はな》動《うご》いてない!
呼吸《こきゅう》とまっちゃった!?
シ〜ン…
寝《ね》てます

目《め》を開《あ》けて寝《ね》ることが多《おお》いので、
寝《ね》ているかどうかは
お鼻《はな》の動《うご》きで見分《みわ》けます

第《だい》29話《わ》 すぐ起《お》きちゃう

うつら…
うつら…
かわいい〜眠《ねむ》くなっちゃったのかな?
今《いま》のうちになでなでしちゃお
ハッ
ご…ごめん
今《いま》さわろうとしたでしょ!?
やめてっ!

警戒心《けいかいしん》が強《つよ》いのです。
でも、まれにおなかを
上《うえ》にして寝《ね》る無防備《むぼうび》なコも…

第《だい》30話《わ》
お口《くち》

ポリ
ポリ
お食事中《しょくじちゅう》
ウサギさんのお口《くち》って小《ちい》さくてかわいいなあ
かわいいお口《くち》で一生懸命《いっしょうけんめい》ごはん食《た》べてるなあ♡
モゴッ
お口《くち》…意外《いがい》と大《おお》きくてびっくりした…！
あくびもするよ
ふあ〜

食《た》べものをかみ切《き》りやすいように、上《うわ》くちびるが割《わ》れています

第《だい》31話《わ》
食《た》べる音《おと》

ポリ
ポリ
ポリ
ポリ
しゃく
しゃく
これはもはや音楽《おんがく》ですわ…
ポリ
シャク
ポリ
シャク
ポリ

のび続《つづ》ける歯《は》をすり減《へ》らすため、つねに牧草《ぼくそう》を食《た》べています

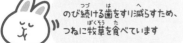

第《だい》32話《わ》

感《かん》情《じょう》表《ひょう》現《げん》

ウサギさんは 感情《かんじょう》を表《あらわ》さないと 思《おも》われがちですが
おいしいものを食《た》べると 目《め》を輝《かがや》かせたり…
おいしーい!
ブン
ブン
ぴょーーんっ
ダダダダダッ
しっぽをふることも あります!
ぷりっ
ぷりっ

仲《なか》よくなると、
一般的《いっぱんてき》なイメージとちがう
いろんな一面《いちめん》が見《み》られます

第《だい》33話《わ》

なでなで

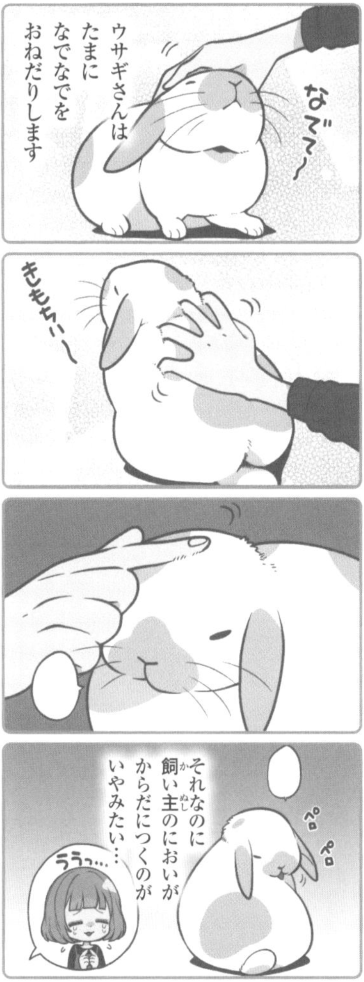
ウサギさんは たまに なでなでを おねだりします
なでて〜
きもちい〜
それなのに 飼《か》い主《ぬし》のにおいが からだにつくのが いやみたい…
うぅっ…
ペロ
ペロ

においにすごく敏感《びんかん》
なのです。そばにいるときは
香水《こうすい》などもひかえましょう

第《だい》34話《わ》
ツンデレ

ウサギさんは
ワンちゃんとちがって
ドライなコが多《おお》いですが…
飼《か》い主《ぬし》さんの方《ほう》に
耳《みみ》だけ向《む》いていたり
家《いえ》の中《なか》で安心《あんしん》して
横《よこ》になっていたり
飼《か》い主《ぬし》に背中《せなか》を
あずけて
くれたり…
ウサギさんなりに
気《き》をゆるしてくれます
こてん

品種《ひんしゅ》や性別《せいべつ》、
もちろん個体《こたい》によっても
性格《せいかく》はさまざまです

第《だい》35話《わ》
結論《けつろん》

けっきょく
ウサギさんのいちばん
かわいいところは？
ふぁー
お顔《かお》も全部《ぜんぶ》
かわいくて
ふわふわな毛並《けな》みも
ピンとはったおヒゲも
小《ちい》さなおてても
まあるい
おしりも
ちょっとそっけない
態度《たいど》もすてき♡
うさぎさんのすべてがかわいい！

なんと、ウサギさんは
うんちまでかわいいのです…！

第《だい》36話《わ》

足長《あしなが》マンチカン“すもも”

どうぶつ大好《だいす》きな柚輝《ゆずき》は、新《あたら》しい家族《かぞく》をむかえることになり…。

だめ だめ！
うちにはもう犬《いぬ》2匹《ひき》インコが2羽《わ》いるんだもん！
コガネインコ
ひまわり
ウロコインコ
ぱるる
スピッツ
あんず
チワワ
くるみ
猫《ねこ》なんて無理《むり》って言《い》われるに決《き》まってるし…
はあ
えっ
いいなあ 飼《か》いたいな 猫《ねこ》…

ガラ
オンライン会議《かいぎ》終《お》わったよ
さっきね
へいの上《うえ》の猫《ねこ》がこっち見《み》ててさ
かわいかったなあ飼《か》ってみたいな…
なんだふたりともどうしたの？
ねえ？
それはそんな奇跡《きせき》みたいな
偶然《ぐうぜん》のひとりごとからはじまった

柚輝《ゆずき》もだったんだね
うん
でも犬《いぬ》も鳥《とり》だっているからきっとだめだと思《おも》ってて…
お母《かあ》さんもむかしおばあちゃんに猫《ねこ》も飼《か》いたいって言《い》ったら反対《はんたい》されたんだよ
犬《いぬ》も鳥《とり》も飼《か》っていたから
お父《とう》さんも…
犬《いぬ》しか飼《か》ったことないから猫《ねこ》も飼《か》ってみたいなあ…
そうなんだ…
ねえ
大丈夫《だいじょうぶ》じゃない？
うちのコたち…少《すく》なくともくるみは絶対大丈夫《ぜったいだいじょうぶ》だよ！
うん！

くるみは
めんどうみが
いいもんね
くるみは
とてもおだやかで
世話好《せわず》きな性格《せいかく》の
男《おとこ》のコだ
あんずが家《いえ》に
来《き》たときも
よくめんどうを
みてくれた
おかげで　あんずは
くるみより体《からだ》が
大《おお》きくなった今《いま》でも
あまえんぼうな妹分《いもうとぶん》だ
そうそう
犬《いぬ》と猫《ねこ》と鳥《とり》を
いっしょに飼《か》ってる人《ひと》の
ブログがあるんだ
ほらこれ…

見《み》て見《み》て! この人《ひと》も 1匹《びき》ずつ飼《か》ってて 仲《なか》よしなの!
すごく 参考《さんこう》になるよ
あんずも 大丈夫《だいじょうぶ》だね
ビビリだしね
心配《しんぱい》なのは ぱるるだよね 凶暴《きょうぼう》だからなあ…
なんだ… ふたりともとっくに 調《しら》べてたんじゃないか…
ガタ!!
じつは…
わたし
もう心《こころ》に 決《き》めたコが います!!
ええ…!! そうなの!?

それは とある保護猫団体《ほごねこだんたい》の SNS《エスエヌエス》
ふつうの保護猫《ほごねこ》と ちがうところは すべて純血種《じゅんけつしゅ》※の猫《ねこ》 というところ
しっぽが 曲《ま》がっているコ 皮《ひ》ふの病気《びょうき》が あるコ
耳《みみ》のよごれや目《め》やに… ほとんどは 気《き》にならない 治療《ちりょう》すれば問題《もんだい》ない レベルのコが多《おお》い
※同《おな》じ犬種《けんしゅ》（猫種《びょうしゅ》）の 両親《りょうしん》をもつコ。
病気《びょうき》だけではない
スコティッシュ フォールド※ なのに耳《みみ》が立《た》っている
※たれ耳《みみ》が特徴《とくちょう》。
アメリカン カール※なのに 耳《みみ》にカールがない
※くるりとした耳《みみ》が特徴《とくちょう》。
ラグドール※なのに 毛《け》が短《みじか》い
※ふわふわの長《なが》い毛《け》が特徴《とくちょう》。
純血種《じゅんけつしゅ》でも ペットショップの店頭《てんとう》に 並《なら》べられなかったり 売《う》れ残《のこ》ってしまう コがいる
そういうコを 引《ひ》きとって 飼《か》いたい人《ひと》に つないでいる
ねえ どのコ？ お母《かあ》さん
このコだよ

わーかわいい！
アメリカンショートヘアだよね？
ううん
このコはマンチカンなのあしが長《なが》いから売《う》れなかったのかも
マンチカンってみんなあしが短《みじか》いんじゃなかったっけ？
うん　じつはあしの短《みじか》いコが生《う》まれる確率《かくりつ》は低《ひく》いんだって
あしが短《みじか》いほど高《たか》く値段《ねだん》がつくらしいよ
そっか…
同《おな》じ命《いのち》なのに…人《ひと》の都合《つごう》で価値《かち》が決《き》められてしまうなんて
よし！
そのコに会《あ》いに行《い》こう

そして
会《あ》いに行《い》ったその日《ひ》のうちに家族《かぞく》になった
それからこのコの名前《なまえ》は…
くるみ あんず
柚輝《ゆずき》
すもも!!
木《き》の実《み》の名前《なまえ》でおそろいだよ
不思議《ふしぎ》!
ついこの間《あいだ》まで家族《かぞく》みーんな…
猫《ねこ》なんて飼《か》えないと思《おも》っていたのにね…
本当《ほんとう》だね なんだか…
うん 夢《ゆめ》みたいだね

すももは
まだ2か月《げつ》の
子猫《こねこ》
すもも
ほら見《み》て
ぼくの家族《かぞく》だよ
すごーく
小《ち》っちゃいけど
元気《げんき》だ！
こっちは
くるみだよ
それから
あんず
シャーーッ

すももは堂々《どうどう》としてるよなあ
家《いえ》に来《き》て3日目《かめ》
すももはおなかをこわした
すもも…
元気《げんき》がないね すもも…
大丈夫《だいじょうぶ》かな 病院《びょういん》へ連《つ》れて行《い》こう

へー 本当《ほんとう》に猫《ねこ》を飼《か》いはじめたんだ！ びっくりだなあ
佐田《さだ》さん家《ち》といえば犬《いぬ》と鳥《とり》だったからね
2か月《げつ》にしてはすごく小《ちい》さいな！
発育不良《はついくふりょう》かもしれないね
下痢《げり》の原因《げんいん》は
環境《かんきょう》が変《か》わったストレスで免疫《めんえき》※が低下《ていか》したのかも
くしゃみ 鼻水《はなみず》 風邪《かぜ》の症状《しょうじょう》も…
元気《げんき》に見《み》えるけどがんばりすぎてたんだね
すもも…ごめんね気《き》づいてあげられなくて

※病気《びょうき》を引《ひ》き起《お》こすウイルスなどが体《からだ》の中《なか》に入《はい》ったとき、
それに抵抗《ていこう》し打《う》ち勝《か》つ力《ちから》。

みんな すもものことが 心配《しんぱい》でたまらないよ
ぼくたちは 家族《かぞく》みんなで すももを看病《かんびょう》した
お薬《くすり》を 飲《の》んで…
安心《あんしん》して 眠《ねむ》って…
看病《かんびょう》のかいが あって
すももは 少《すこ》しずつ 元気《げんき》をとり もどした
少《すこ》し食欲《しょくよく》が もどってきているね ほら見《み》て！
体重《たいじゅう》も 少《すこ》しだけど 増《ふ》えてるよね！

うん
いいですね！ もう大丈夫《だいじょうぶ》
すももちゃん がんばったよ！
ね!!
家族《かぞく》みんな がんばったもんね！
すももは日《ひ》に日《ひ》に
やんちゃも 元気《げんき》もどんどん 復活《ふっかつ》してくる

すももになついてるね
いっしょにお世話《せわ》したもんね…
犬《いぬ》たちとすももも距離《きょり》も近《ちか》くなったなあ
すごく仲《なか》よし…
手加減《てかげん》やおたがいのつきあい方《かた》も覚《おぼ》えてくるんだよね
もうすっかり家族《かぞく》って感《かん》じだね
えらいなあ…

猫《ねこ》を飼《か》ってみて あらためて 犬《いぬ》とのちがいに おどろく
カッ
カカッ
カカッ
のどを鳴《な》らす音《おと》 ブーンブーン… ゴロゴロ… はじめて聞《き》く音《おと》だ
インコたちを見《み》て クラッキング※する のもおもしろい
※猫《ねこ》が興奮《こうふん》した ときに「カカカッ」「ケケケッ」などと 特殊《とくしゅ》な鳴《な》き方《かた》 をすること。
ごろんと寝《ね》ている姿《すがた》も 体《からだ》がやわらかくて ねじれて不思議《ふしぎ》
猫《ねこ》は冷《つめ》たい…なんて イメージもあるけど 全然《ぜんぜん》ちがうなあ
あまえんぼうだ
犬《いぬ》とは表現《ひょうげん》が ちがうけど 愛情深《あいじょうぶか》い
すももの場合《ばあい》 トイレは1回《かい》で 覚《おぼ》えた
散歩《さんぽ》の 必要《ひつよう》もない
テーブルやシンク
いろんなところに 飛《と》び乗《の》る……

…すもも なにしてるの？
モヤシ食《た》べてる！
あっ こら！ すもも…
ばっ
行《い》きたいところに自由《じゆう》に行《い》くし しかられても知《し》らんぷり
鳥《とり》とタイプ似《に》てるかも
もー またなにかたくらんでる？
あっ ケージに
あーっ！ ぱるるーっ!!

ギャーッ
ダメ!
ダメッ…ダメヨ ダメッ!
鳥《とり》と犬《いぬ》と猫《ねこ》 ぼくたちも それぞれに個性《こせい》が あるけれど
いっしょにいると 少《すこ》しずつおたがいの 距離感《きょりかん》を覚《おぼ》えていく
あーあ 言《い》わんこっちゃ ない…
かわいさも にぎやかさも 何倍《なんばい》にもなって…
だけど お世話《せわ》の 大変《たいへん》さだって 何倍《なんばい》にもなる
お母《かあ》さん どうしたの? 具合《ぐあい》悪《わる》い?
…うん
むく…
…腰《こし》が痛《いた》くてね
……
でも みんないっしょに 寝《ね》てくれて
あたたかくて 気持《きも》ちいいよ

お母《かあ》さんは休《やす》んでて
ぼくもみんなのお世話《せわ》いっぱいするからね
ありがとね
あ…すももが…
あっ…
ちょい
ペ
あ〜〜〜っ!!
ぐら…

花《か》びんがひっくり返《かえ》って水《みず》びたし！
ニャーッ
あらら…
大丈夫《だいじょうぶ》だよ お母《かあ》さん寝《ね》てて… ぼく片付《かたづ》けるから
痛《いた》た…
うん ありがとう
あっ おてんば娘《むすめ》が帰《かえ》ってきた！
ほーんとだ
ミャウー
なんだか 少《すこ》し前《まえ》まで あんなに小《ちい》さくて…
おなかをこわして心配《しんぱい》したとは思《おも》えないなあ
元気《げんき》になって すごくうれしい…

ニャ
……
ギャッ
ガッ
痛《いた》い！
痛《いた》い!!
だっ大丈夫《だいじょうぶ》
お母《かあ》さん⁉
ただでさえ
腰《こし》が痛《いた》いっていうのに
すもものやつ～
爪《つめ》が～
くいこんだ
わーっ
いたたたっ
ん？
あれ？
痛《いた》くない…
今《いま》なぜか
腰《こし》がなおったわ
奇跡的《きせきてき》～～
もしかして
びっくりした
はずみで
なおったの？

それから
しばらくして
おばあちゃんが
遊《あそ》びに来《く》ることになった
おばあちゃんは
猫《ねこ》をいっしょに飼《か》うのは
無理《むり》って言《い》ってたから
すもも…
心配《しんぱい》だよ
そのままを
見《み》てもらえば
大丈夫《だいじょうぶ》だよ
ニャア
まあ…

3匹《びき》そろって
お出《で》むかえ
まあ
仲《なか》よしね
まるで何年《なんねん》も
いっしょに
いるみたいに
しぜんだね
うん
心配《しんぱい》したけど…
なんとかなるものね
あら
スタイルがいいのね
うん
足長《あしなが》マンチカンの
すももだよ！
世界一《せかいいち》かわいい
うちのコ！

すもものおかげで はじまった 新《あたら》しい日々《ひび》——
もう1匹《ぴき》 猫《ねこ》がいてもいいね
…だよね!!
犬《いぬ》は2匹《ひき》いる 猫《ねこ》が1匹《ぴき》 だけじゃあ 不公平《ふこうへい》さ!
じつはぼくも そう思《おも》って たりして
これから どうなる?
にぎやか 佐田《さだ》ファミリー!

うちの猫《ねこ》コンビ ～キジ白《しろ》かしわ&《アンド》黒《くろ》猫《ねこ》おはぎ～

第《だい》37話《わ》 2匹《ひき》の関係《かんけい》

かしわとおはぎは
かしわ
おはぎ
特別《とくべつ》仲《なか》よしというわけではないけど
たまにスイッチが入《はい》って
ピリッ
にらみあいからの…
バッ
猫《ねこ》パンチ対決《たいけつ》!!
…になるかと思《おも》いきや爪《つめ》なしのゆるゆるパンチ
ポムッ
ポムッ
じゃれているのか
ケンカしたいのか、
よくわかりません

第《だい》38話《わ》 ごはんの時間《じかん》

ふだんはそんなに仲《なか》よくないくせに…
じっ…
えっナニ?
ゴハンが入《はい》っている棚《たな》
チラッ
チラッ
ごはんの時間《じかん》だけ仲《なか》よくなる
ハイハイごはんね
いつも、
ごはんタイムは
シンクロ率高《りつたか》めです

第《だい》39話《わ》 かしわのクセ

ウエッ
ピクッ
ウエッ
かしわは吐《は》きグセがあるのですが…
ウエッ
ウエッ
あっ かしわ吐《は》く!?
ティッシュ
ティッシュ
タダダ
ダダダ
うわーっ 待《ま》ってー!!
なぜわざわざ高《たか》いところから…
ああ〜〜
ワオロロロ…

なぜか高《たか》い場所《ばしょ》に
のぼってしまい、
大変《たいへん》なことに…

第《だい》40話《わ》 好《す》きなこと

おしりをポンポンされるのが好《す》きすぎて…
ポンポン
ちらっ
ぐいっ
…
じっ
おしりを向《む》けてアピールする
ハイハイ

いやがる
猫《ねこ》ちゃんもいるから、
優《やさ》しくポンポンしてね

生《い》きていると、心《こころ》が動《うご》く。
わくわくしてはずんだり、
シュンとしてぺちゃんこになっちゃったり。
じつは、「もう一歩《いっぽ》も動《うご》けない」なんて
思《おも》ったこともあったけど……。

キミが、ただただ楽《たの》しそうに走《はし》るのを見《み》てたらね、
わたしも前《まえ》に進《すす》んでみたくなったんだよ。

カバーイラスト	雪丸ぬん
カバーデザイン	棟保雅子
まんが・小説挿絵・イラスト	武田みか（第1話）、山野りんりん（第2話）、森本里菜（P44〜45）、ハマサキ（第3〜8話）、紅雨ぐみ（第9話）、茂呂おりえ（第10話）、あゆみゆい（第11話）、オノユウリ（第12話）、真希ナルセ（第13〜16話、第20話、第37〜40話）、じろ（P125〜128）、ヤマモトサオリ（第17話）、かなき詩織（第18話）、齋藤なで（第19話）、新木南生（第21話）、桃川ゆきの（第22話）、藤凪かおる（第23話）、新堂みやび（第24話）、河内実加（第25話）、ふゆくさ（第26話）、夜野 天（第27話）、井口病院（第28〜35話）、歳（第36話）
まんが原作・小説	吉田桃子（第1話、第17話）、久保歩未（第9話、第18話、第26話）、橋口さゆ希（第10話、第27話）、長井理佳（第11話、第21話、第36話）、木下明子（第12話、第20話）、堀米 薫（第25話）
心理テスト	章月綾乃
取材協力	岡村彩絵（第2話）、髙橋 彩（第22話）、和田じゅん子（第36話）
デザイン・DTP	棟保雅子、能勢明日香
校正	大廻真衣
編集・執筆協力	田中絵里子

ミラクルラブリー♡
感動《かんどう》のどうぶつ物語《ものがたり》DX《デラックス》 キミとの奇跡《きせき》

編著者	春風はな［はるかぜ はな］
発行者	若松和紀
発行所	株式会社 西東社 〒113-0034 東京都文京区湯島2-3-13 https://www.seitosha.co.jp/ 電話 03-5800-3120（代）

※本書に記載のない内容のご質問や著者等の連絡先につきましては、お答えできかねます。

ISBN 978-4-7916-3281-7